Gaier/Wolf (Hrsg.)
25 Jahre Bastille-Entscheidungen
Quo vadis Anwaltschaft?

D1726950

25 Jahre
Bastille-Entscheidungen
Quo vadis Anwaltschaft?

herausgegeben von

Dr. Reinhard Gaier
Richter des Bundesverfassungsgerichts, Karlsruhe
Honorarprofessor an der Leibniz Universität Hannover

Dr. Christian Wolf
München, Hannover
Universitätsprofessor an der Leibniz Universität Hannover

Mit Beiträgen von

Dr. Michael Krenzler
Rechtsanwalt, Freiburg

Prof. Dr. Hans-Jürgen Hellwig
Rechtsanwalt, Frankfurt a.M.

Dr. Michael Kleine-Cosack
Rechtsanwalt, Freiburg

Rainer Tögel
Vorstandsvorsitzender D.A.S., München

Stephen Denyer
Solicitor, London

Prof. Dr. Matthias Jahn
Richter am OLG Frankfurt a.M.

Prof. Dr. Reinhard Gaier
Richter des Bundesverfassungsgerichts, Karlsruhe

2015

Verlag
Dr. Otto Schmidt
Köln

Bibliografische Information
der Deutschen Nationalbibliothek

Die Deutsche Nationalbibliothek verzeichnet diese
Publikation in der Deutschen Nationalbibliografie;
detaillierte bibliografische Daten sind im Internet
über http://dnb.d-nb.de abrufbar.

Verlag Dr. Otto Schmidt KG
Gustav-Heinemann-Ufer 58, 50968 Köln
Tel. 02 21/9 37 38-01, Fax 02 21/9 37 38-943
info@otto-schmidt.de
www.otto-schmidt.de

ISBN 978-3-504-01015-7

©2015 by Verlag Dr. Otto Schmidt KG, Köln

Das verwendete Papier ist aus chlorfrei gebleichten
Rohstoffen hergestellt, holz- und säurefrei, alterungs-
beständig und umweltfreundlich.

Einbandgestaltung nach einem Entwurf von:
Jan P. Lichtenford, Mettmann
Satz: WMTP, Birkenau
Druck und Verarbeitung: Betz, Darmstadt
Printed in Germany

Vorwort

Das Bundesverfassungsgericht hat am 14. Juli 1987 seine Beschlüsse gefasst, wonach die Richtlinien des anwaltlichen Standesrechts nicht mehr als Hilfsmittel zur Auslegung und Konkretisierung der Generalklausel über die anwaltlichen Berufspflichten (§ 43 BRAO) herangezogen werden könnten. Das Datum, unter dem die Beschlüsse gefasst wurden, haben zu der Bezeichnung Bastille-Entscheidungen inspiriert. Angespielt wird damit auf die Erstürmung der Bastille am 14. Juli 1789 in Paris, ein Ereignis, das allgemein als Auftakt zur französischen Revolution verstanden und an das heute noch jährlich mit dem französischen Nationalfeiertag erinnert wird.

Historische Vergleiche hinken sicherlich fast immer, und man wird schwerlich das anwaltliche Standesrecht vor 1987 mit dem feudal-absolutistischen Ständestaat Ludwig XVI. vergleichen können. Um aus heutiger Perspektive aber die befreiende Bedeutung der Bastille-Entscheidungen des Bundesverfassungsgerichts nachvollziehen zu können, liest man am besten das Kapitel „Anwaltliche Redefreiheit auf dem Hauklotz. Die ehrengerichtliche Aburteilung von Justizkritik (1974 bis 1978)" in *Heinrich Hannovers* Buch „Die Republik vor Gericht 1954–1995" nach. Der große linksliberale Jurist *Helmut Simon* prägte als Berichterstatter die Bastille-Entscheidungen ganz wesentlich. Der Jacobinische Geist – und hier passt der Bezug zur Französischen Revolution – von dem die Entscheidung geprägt ist, kommt vielleicht viel besser noch als in den Bastille-Entscheidungen in dem Sondervotum von *Helmut Simon* in der Entscheidung des Bundesverfassungsgerichts vom 8. März 1983 (BVerfGE 63, 266) zum Ausdruck. Es sei gerade kennzeichnend für einen freiheitlichen Rechtsstaat – so *Simon* –, dass der Rechtsanwalt keine weitergehende politische Loyalität gegenüber der verfassungsmäßigen Ordnung als jeder Staatsbürger schulde, sondern frei sei, das geltende Recht zu kritisieren und für seine Änderung zu streiten. Und wörtlich heißt es in dem Sondervotum: „Diesen Prozess des trial and error durch vermeidbare Reglementierungen für einen freien Beruf zu behindern, könnte geradezu gefährlich für eine Gesellschaft sein, welche mit ihren schwierigen Zukunftsproblemen ohne Fortentwicklungen auch ihrer Rechtsordnung nicht fertig werden wird."

Die Freie Advokatur sichert die kritische Auseinandersetzung mit dem gegenwärtigen Recht ab und erfüllt gerade hierdurch ihre Verpflichtung gegenüber dem Rechtsstaat als Organ der Rechtspflege. Die Anwaltschaft ist in diesem Sinne auf die Freiheit verpflichtet. Denn ohne Anwaltschaft gäbe es keinen Zugang zum Recht und ohne die Freiheit der Anwaltschaft keine Weiterentwicklung des Rechts. Anwälte tragen so zur ständigen geistigen Auseinandersetzung zwischen den sozialen Kräften, Interessen, politischen Ideen und Parteien bei, ohne die eine offene, sich weiterentwickelnde Gesellschaft nicht möglich wäre.

Auch in zeitlicher Hinsicht markieren die Bastille-Entscheidungen eine Zäsur für einen sich in den letzten 25 Jahren dramatisch wandelnden Anwaltsmarkt und die anwaltliche Berufstätigkeit. Dies war Anlass für das Institut für Prozess- und Anwaltsrecht (IPA) im Wintersemester 2012/2013 die Vorlesung Anwaltliches Berufsrecht, welche im Rahmen der anwaltsorientierten Juristenausbildung angeboten wird, durch die Ringvorlesung „25 Jahre Bastille-Entscheidungen des Bundesverfassungsgerichts – Quo vadis Anwaltschaft" zu ersetzen. Aus unterschiedlicher Perspektive haben sieben Referenten Bilanz der Veränderungen in der Anwaltschaft in den letzten 25 Jahren gezogen und einen Ausblick auf die künftige Entwicklung gewagt. Sechs der Vorträge kommen in dem Sammelband zum Abdruck. Dabei wurde bewusst Wert auf sehr unterschiedliche Perspektiven gelegt.

Um die Entwicklung der letzten 25 Jahre richtig einordnen zu können, ist an *Sigbert Feuchtwanger* und dessen Idee des homo ethicus zu erinnern, welche dieser in den zwanziger Jahren des letzten Jahrhunderts entwickelt hat. Im Gegensatz zum homo oeconomicus, der sich am wirtschaftlich zweckrationalen Handeln orientiert, geht es dem homo ethicus nicht um Gewinnstreben, sondern um die Schaffung von Kulturgütern. Der Gesetzgeber der BRAO bekannte sich noch ausdrücklich zum Konzept des freien Berufs von *Feuchtwanger*. Die Handlungen des Anwalts werden, so die Vorstellung des Gesetzgebers, von dem Motiv geleitet das Recht zu verwirklichen, nicht jedoch vom Streben nach Gewinn bestimmt.

Die Deregulierung der letzten 25 Jahre hat zu der Frage geführt, ob es nicht erforderlich sei, für eine ethische (Rück-)Verpflichtung der Rechtsanwaltschaft zu streiten. *Michael Krenzler* geht in seinem Beitrag dem Zusammenspiel von Freiheit und Verantwortung nach und fragt, ob es nicht einer ethischen Fundierung bedarf, damit die Rechtsanwälte als Freie Berufe unterscheidbar bleiben.

In vielen Bereichen der letzten Jahre war die EU treibender Faktor der Entwicklung. *Hans-Jürgen Hellwig* blickt auf diese Entwicklung zurück und zeigt in seinem Beitrag künftige Entwicklungslinien des Anwaltsrechts aus europäischer Sicht auf. Drei Punkte dieser Tour d'Horizon seien hier kurz erwähnt: Fremdbesitz an Anwaltsgesellschaften, gesetzlich festgelegte Anwaltsgebühren und die Zukunft der Double Deontology.

Michael Kleine-Cosack blickt zurück und in die Zukunft, als damaliger anwaltlicher Vertreter eines der Verfahrensbeteiligten schildert er, wie es zu den Bastille-Entscheidungen gekommen ist und wirft die Frage auf, ob für ein Freie Advokatur ein Kammersystem erforderlich sei.

Hinter den Deregulierungsbestrebungen der Europäischen Kommission steht in der Regel das wirtschaftspolitische Leitbild der Institutionenökonomie. Je freier der Wettbewerb zwischen den Markteilnehmern ist, desto effizienter sind die Ergebnisse. Ein sich in diesem Sinne verändernder Anwaltsmarkt ruft auch neue Spieler oder alte Spieler in veränderten Rollen auf den Markt. *Rainer Tögel* beschreibt die derzeitige Rolle von Rechtsschutzversicherungen und erklärt, wie diese als „big player" zu einer stärkeren Effizienz der Rechtsberatung beitragen wollen.

Die ökonomischen und technischen Veränderungen diskutiert *Stephen Denyer* aus einem international-englisch geprägten Blickwinkel. Dabei geht *Denyer* sowohl auf die Anforderungen der sich weiter globalisierenden Wirtschaft an die anwaltliche Rechtsdienstleistung ein als auch auf die Auswirkungen der IT-Technik auf Standardisierung von Rechtsprodukten.

Wie in einem Brennglas verdeutlichen sich die unterschiedlichen Rollenverständnisse vom Beruf des Rechtsanwalts und die damit einhergehenden Konflikte in der Strafverteidigung. *Matthias Jahn* leuchtet die verfassungsrechtliche Bedeutung und Stellung des Strafverteidigers für ein rechtsstaatliches System aus.

Schließlich greift *Reinhard Gaier* das anwaltliche Berufsrecht aus der Perspektive von Art. 12 GG erneut auf und geht der Frage nach, wie die – der Bastille-Rechtsprechung zugrundeliegende – anwaltliche Berufsfreiheit als Garant einer starken unabhängigen Rechtsanwaltschaft wirken kann.

Die Positionen, die die einzelnen Beiträge einnehmen, sind kontrovers und widersprechen sich zum Teil. Im besten Sinne verkörpern sie damit das, was für die Tätigkeit des Rechtsanwalts schlicht konstitutiv ist: Schwierige Zukunftsprobleme einer Gesellschaft auch in Rechtsfragen lassen sich nur im Widerstreit der Meinungen lösen, so auch der Gedanke von *Helmut Simon* in seinem Sondervotum im 63. Band der Entscheidungssammlung des Bundesverfassungsgericht.

Karlsruhe, Hannover   Reinhard Gaier und
im August 2014   Christian Wolf

Inhalt

Die Autoren

Rechtsanwalt Dr. Michael Krenzler ist Vizepräsident der Bundesrechtsanwaltskammer und Präsident der Rechtsanwaltskammer Freiburg.

Rechtsanwalt Professor Dr. Hans-Jürgen Hellwig ist Partner der Kanzlei HengelerMueller. Er war Präsident des Rates der europäischen Anwaltschaften (CCBE) und Vorstands- und Präsidiumsmitglied des Deutschen Anwaltverein. Seit 2013 ist er Ehrenmitglied des DAV.

Rechtsanwalt Dr. Michael Kleine-Cosack ist Rechtsanwalt in Freiburg. Er war Vorstandsmitglied des DAV und Prozessbevollmächtigter in den Bastille-Verfahren vor dem Bundesverfassungsgericht. Als Verfahrensbevollmächtigter hat er an zahlreichen weiteren Entscheidungen des Bundesverfassungsgerichts insbesondere zum anwaltlichen Berufsrecht mitgewirkt.

Rainer Tögel ist Vorstandsvorsitzender der D.A.S. Rechtsschutz-Versicherungs-AG. Nach seinem Studium der Rechtswissenschaften in Hamburg war er zunächst als Rechtsanwalt tätig und trat später in die Versicherungsbranche ein. Bevor er zum Vorstandsvorsitzenden der D.A.S. Rechtsschutz-Versicherungs-AG berufen wurde, bekleidete er verschiedene Vorstandsämter bei Kranken- und Rechtschutzversicherungen.

Solicitor Stephen Denyer ist Head of City and International at the Law Society in London. Zuvor war er 36 Jahre bei Allen & Overy, zuletzt als Partner, verantwortlich für den Bereich Global Markets, International Development und Regional Managing.

Professor Dr. Matthias Jahn, Richter am OLG, ist Inhaber des Lehrstuhls für Strafrecht, Strafprozessrecht, Wirtschaftsstrafrecht und Rechtstheorie sowie Leiter der Forschungsstelle für Recht und Praxis der Strafverteidigung (RuPS) an der Goethe-Universität Frankfurt a.M.

Richter des Bundesverfassungsgerichts Professor Dr. Reinhard Gaier gehört dem Ersten Senat des Bundesverfassungsgerichts an und ist u.a. für Fragen der anwaltlichen Berufsfreiheit zuständig. Er ist Honorarprofessor an der Juristischen Fakultät der Leibniz Universität Hannover.

A. Freiheit und Bindung der Anwaltschaft

Vorlesung an der Universität Hannover am 25.10.2012

Rechtsanwalt Dr. Michael Krenzler, Freiburg

I. Ausgangslage

1. Die Bastille-Entscheidungen

Am 14.7.1987 hat das Bundesverfassungsgericht die bis dahin zur Auslegung des anwaltlichen Berufsrechts herangezogenen Standesrichtlinien wegen ihrer mangelnden demokratischen Legitimation für verfassungswidrig erklärt. Denn sie waren auf der Grundlage des früheren § 177 Abs. 2 Nr. 2 BRAO zustande gekommen, wonach die Bundesrechtsanwaltskammer die Aufgabe hatte,

„die allgemeine Auffassung über Fragen der Ausübung des Anwaltsberufs in Richtlinien festzustellen".

Die Bundesrechtsanwaltskammer wird aber lediglich von den Präsidenten der regionalen Rechtsanwaltskammern und der Rechtsanwaltskammer beim BGH gebildet, die ihr Amt aufgrund eines repräsentativen Wahlsystems inne haben. Dem Bundesverfassungsgericht erschien diese Legitimationsbasis verfassungsrechtlich als nicht ausreichend, um die mit den Richtlinien verbundenen Eingriffe in die Berufsausübungsfreiheit zu rechtfertigen. Da das Bundesverfassungsgericht in seinen Entscheidungen auch keine Übergangsfristen für die Anwendung der Standesrichtlinien bis zu einer demokratisch legitimierten Neuregelung vorsah, entstand durch seine Entscheidungen eine Regelungslücke, die erst 7 Jahre später durch das Gesetz zur Neuordnung des Berufsrechts der Rechtsanwälte und der Patentanwälte vom 2.9.1994 und das in diesem Gesetz neu geschaffene Organ der Anwaltschaft, nämlich die Satzungsversammlung, und die von ihr beschlossene neue Berufsordnung der Rechtsanwälte (BORA) geschlossen werden konnte. Die Beratungen dieser Berufsordnung waren vom Geist der Freiheit anwaltlicher Berufsausübung geprägt, was dann auch in § 1 Abs. 1 BORA unter Übernahme von diesbezüglichen Formulierungen des Bundesverfassungsgerichts seinen Niederschlag gefunden hat. Die Bestimmung lautet wie folgt:

„Der Rechtsanwalt übt seinen Beruf frei, selbstbestimmt und unreglementiert aus, soweit Gesetz oder Berufsordnung ihn nicht besonders verpflichten."

2. Die Entwicklung nach den Bastille-Entscheidungen

a) Strukturwandel

In diesem Selbstverständnis hat die Anwaltschaft in der Folgezeit, teilweise erneut von der Rechtsprechung getrieben, teilweise aber auch aufgrund eigener Einsicht einen dramatischen Strukturwandel vollzogen. Dazu gehören insbesondere

- die Zulassung überörtlicher Sozietäten
- die Aufhebung des Lokalisationsgebots
- der Wegfall der Singularzulassung an Oberlandesgerichten
- die Zulassung der Anwalts GmbH und der Anwalts AG.
- die weitgehende Freigabe der Werbung und
- die freie Vereinbarkeit von Honoraren für die außergerichtliche Tätigkeit

Die Befreiung der Anwaltschaft von berufsrechtlichen Beschränkungen hat aber nicht einmal bei diesen Rahmenbedingungen halt gemacht, sondern sogar zu ersten Eingriffen in die Grundwerte der Anwaltschaft wie zum Beispiel das Verbot der Vertretung widerstreitender Interessen geführt. Ich denke dabei an die Sozietätswechslerfälle, in denen gemäß § 3 BORA das Verbot der Vertretung widerstreitender Interessen in Sozietäten dann nicht mehr gilt, wenn sich die betroffenen Mandanten nach umfassender Information mit der widerstreitenden Vertretung ausdrücklich einverstanden erklärt haben. Nur folgerichtig ist es da, dass von einigen Stimmen in der Anwaltschaft in Ehescheidungsverfahren die Vertretung je eines Ehepartners von je einem Sozius derselben Sozietät für zulässig gehalten wird.

Grund dafür ist ein dramatisch gestiegener Wettbewerbsdruck innerhalb der Anwaltschaft und eine damit verbundene wesentlich größere Mobilität der einzelnen Anwälte. Mindestens die Hälfte von ihnen verfügt heute nur noch über Einkünfte, die weit unter denen eines Richters der Eingangsstufe liegen, ja, oft sogar unter denen eines Facharbeiters. Ein oberes Segment von 10 % bis 15 % der Anwaltschaft verfügt dagegen über Einkünfte, die durchaus Managergehältern entsprechen – aber um den Preis einer strikten Kommerzialisierung anwaltlicher Tätigkeit, also des Rechtsanwalts als Rechtskaufmann.

b) Gemeinwohl contra ökonomische Bedürfnisse

Ein Ende dieser Entwicklung ist nicht abzusehen. So sind z.B. die Direktionen Wettbewerb und Binnenmarkt der EU-Kommission und die deutsche Monopolkommission nach wie vor der Meinung, dass die Freien Berufe in Deutschland trotz aller aufgezeigten Liberalisierung immer noch enorm überreguliert sind und plädieren deshalb für eine weitere Deregulierung. Hierzu werden Sie von dem nächsten Referenten, Herrn Kollegen *Dr. Hellwig*, sicherlich noch Einzelheiten hören.

Auch die Abteilung Berufsrecht des Deutschen Juristentages hat sich dementsprechend im Herbst 2010 in Berlin mit dem Thema *„Die Zukunft der Freien Berufe zwischen Deregulierung und Neuordnung"* befasst, wobei es um die zentrale Frage ging, ob es angesichts der Kommerzialisierung der Freien Berufe überhaupt noch möglich ist, sie klar von der gewerblichen Tätigkeit abzugrenzen. Für die deutsche Anwaltschaft ging es dabei vor allem um die noch geltenden Sozietätsverbote, also die Verbote der Fremdgeschäftsführung, des Fremdkapitalbesitzes und der multidisziplinären Sozietäten sowie die Fixierung der Vergütung in gerichtlichen Verfahren durch das RVG. Auch hier soll die Anwaltschaft mit weiteren Freiheiten beglückt werden und in England und Wales sind diese Freiheiten bereits Wirklichkeit geworden. Leitgedanke für diese Initiativen ist, wie könnte es anders sein, das Wettbewerbsprinzip und die Freiheit der Berufsausübung. Sie sollen dazu führen, dass anwaltliche Dienstleistungen zu günstigeren Preisen zu erhalten sein sollen als dies bei regulierten Märkten zu erwarten ist, so, als ob eine anwaltliche Dienstleistung eine Ware wie jede andere wäre. Tatsächlich ist es aber die vornehmste Aufgabe der Anwaltschaft, dem rechtsuchenden Bürger den Zugang zum Recht zu gewährleisten und die Funktionsfähigkeit der Rechtspflege zu sichern. Dieser Gemeinwohlbezug anwaltlicher Tätigkeit verbietet es, wie ich meine, das Berufsrecht auch nur vorrangig auf vermeintliche oder tatsächliche ökonomische Bedürfnisse in der Anwaltschaft auszurichten. Vielmehr muss das Berufsrecht in erster Linie die besondere Funktion der Anwaltschaft im Rechtsstaat und den Schutz des rechtsuchenden Bürgers sichern.

c) Kritik

In der letzten Zeit mehrt sich in der Öffentlichkeit allerdings die Kritik an der Entwicklung der Anwaltschaft vom Organ der Rechtspflege hin zur kommerzialisierten Interessenvertretung. Dazu werden Sie sicherlich noch von Herrn *Prof. Dr. Jahn* bei seinem Vortrag im Januar nächsten Jahres Näheres hören. Lassen Sie mich deshalb an dieser Stelle lediglich einige wenige Belege hierfür anführen:

aa) Die Honorarrechnungen gerade der großen Wirtschaftskanzleien und von sogenannten Prominentenanwälten sind in den letzten Jahren wegen ihrer Höhe und ihrer Intransparenz massiv kritisiert worden.

Die Mandanten werden in diesen Fällen oft nur noch als Beute gesehen, die es zu erlegen gilt, die Anwaltssozietät, wie es ein Seniorsozius gegenüber den Junioren einmal formuliert hat, als Beutegemeinschaft.

bb) Zu erinnern ist in diesem Zusammenhang auch an das negative Bild der sogenannten Abmahnanwälte, aber auch an die Entwicklungen in den USA bei der Werbung um Mandate bei tragischen Katastrophenfällen oder das Bild vom Anwalt als „hired gun". Auch die Versteigerung anwaltlicher Dienstleistungen bei Ebay oder das ausdrückliche Angebot von Prozessvertretungen unter der reißerischen Aufmachung „Deutschlands erster Discounter", dürfte dem Ansehen der Anwaltschaft kaum dienlich sein. Denn abgesehen davon, dass derartige Angebote der typischen Preiswerbung von großen Handelsketten entsprechen, erwecken sie überzogene Erwartungen des rechtsuchenden Publikums an die Qualität der jeweils angebotenen Leistungen und vermitteln den Eindruck eines „Verramschens" hochqualifizierter Leistungen.

cc) Schließlich ist auch auf das Abrutschen der Anwaltschaft in der Rangliste des beruflichen Sozialprestiges in den letzten 12 Jahren vom dritten auf den siebten Rang hinzuweisen. Lag das Ansehen der Anwälte in der Bevölkerung bis Ende der 90er Jahre immerhin bei 37 %, haben mittlerweile nur noch 29 % der Bundesbürger besondere Achtung vor diesem Beruf. Zum Vergleich: Ärzte kommen auch heute noch auf eine Zustimmungsquote von 82 %!

3. Reaktionen

Der deutschen Anwaltschaft ist diese Entwicklung natürlich nicht verborgen geblieben, weshalb sich ihre beiden großen Organisationen, die BRAK und der DAV, nun schon seit einigen Jahren Gedanken darüber machen, ob und wie der seit den Bastille-Entscheidungen des Bundesverfassungsgerichts entstandene Freiraum wieder eingeschränkt werden sollte. Die Debatte darüber wird mit großer Leidenschaft geführt, wobei die Spannweite von der Verteidigung des Status quo der berufsrechtlichen Regeln bis zur Einführung eines berufsethischen Verhaltenscodexes reicht. Allerdings stellt sich angesichts der von mir aufgezeigten Entwicklungen und der öffentlichen Kritik an der Anwaltschaft nach meiner Auffassung doch die Frage, ob das bestehende normierte Berufsrecht zumindest in Teilbereichen zu große Freiheiten einräumt und die Anwaltschaft sich deshalb zumindest die klassische ethische Frage vorlegen muss, ob sie alles tun soll, was sie rechtlich tun darf.

Richtig ist zwar, dass schon das normierte Berufsrecht für die Anwaltschaft eine Reihe besonderer Verpflichtungen formuliert, die aber nur Mindeststandards für ein vertrauensbildendes Verhalten festlegen. Zudem sind auch diese Mindeststandards nur so viel wert, wie sie im Bewusstsein und der Akzeptanz ihrer berufsethischen Grundlagen normgerecht gelebt werden. Und schließlich erzeugt ihre Beachtung naturgemäß nur ein Mindestmaß an Vertrauen. Jedes Handeln in ihrem Grenzbereich gefährdet aber das Vertrauen und jeder Verstoß gegen sie führt zum Verlust des Vertrauens. Wer mehr will, muss sich deshalb nicht nur normgerecht verhalten, sondern auch weitergehenden Bindungen unterwerfen. Dies müssen meines Erachtens nicht sogleich vom Gesetzgeber oder dem Satzungsgeber erlassene Rechtsnormen sein. Vielmehr würde es genügen, sich zunächst einmal in einer breiten, in der gesamten Anwaltschaft geführten Diskussion auf berufsethische, über das geltende Berufsrecht hinausgehende und damit sanktionsfreie Regeln zu verständigen und darauf zu setzen, dass die Anwaltschaft diese Regeln in einem Akt der Selbstbindung in ihrer täglichen Praxis befolgt.

II. Welche Ethik?

Bevor ich Ihnen einige denkbare Konkretisierungen solcher berufsethischer Regeln vorstelle, muss allerdings noch die Frage geklärt werden, von welcher Ethik sich die Anwaltschaft überhaupt leiten lassen soll. Soll also z.B. von einer am Utilitarismus ausgerichteten Ethik die Rede sein, die lediglich als Teil einer Gewinnmaximierungsstrategie begriffen wird, wie dies z.B. bei dem stark wachsenden Markt ökologisch einwandfreier Geldanlagen der Fall ist? Soll also die Ethik lediglich in den Dienst des geschäftlichen Erfolgs gestellt und nur so lange befolgt werden, wie sie nicht im Widerspruch zu den Gewinnmaximierungsstrategien seht? Es ist offensichtlich, dass diese Business-Ethik Konjunktur hat, wie die Fülle von Good Governance –, Compliance – oder Best Practice – Regeln für Unternehmen zeigt. Dazu passt es, dass zum Beispiel anlässlich der Jahreshauptversammlung eines Wirtschaftsverbandes ein Kirchenrepräsentant, Pater *Dr. Dr. Hermann-Josef Zoche*, einen Vortrag zum Thema: *„Die Zehn Gebote für Unternehmer – Firmenethik als Erfolgsfaktor"* gehalten und dieser Art von Ethik quasi den kirchlichen Segen erteilt hat.

Die Frage ist aber, ob diese Art von Ethik geeignet ist, das schwindende Vertrauen der Öffentlichkeit in die Anwaltschaft zurückzugewinnen, oder ob diese Ethik lediglich als ein verschämtes Mäntelchen für ein darunter verstecktes Profitmaximierungskonzept verstanden wird. Muss es deshalb nicht viel mehr um eine an den kategorischen Imperativen der Gerechtigkeitsidee zu messende Ethik gehen, die dem einzelnen Anwalt zwar keinen moralischen Heroismus in dem Sinne abverlangt, dass er seine wirtschaftliche Existenz um der Ethik willen in Frage stellt, ihm aber doch zumutbare Selbstbeschränkungen im Sinne eines Sollens statt eines Dürfens auferlegt. Die Antwort auf diese Frage ergibt sich aus den Aufgaben und der Funktion der Anwaltschaft im Rechtsstaat, die nun aber, trivial ausgedrückt, entscheidend durch den Dienst am Recht bestimmt ist. In allen Verfahren, in denen ein Anwaltszwang besteht, ist dies evident, und zwar nicht nur deshalb, weil der Zugang zum Recht nur über die Rechtsanwälte führt, sondern auch deshalb, weil die Tätigkeit der Rechtsanwältinnen und Rechtsanwälte in allen diesen Verfahren einer geordneten Rechtspflege dient. Aber auch in allen anderen Bereichen hat der Gesetzgeber z.B. noch mit dem am 1.7.2008 in Kraft getretenen Rechtsdienstleistungsgesetz deutlich gemacht, dass der Anwaltschaft um der qualifizierten Rechtspflege und damit der Verwirklichung der Gerechtigkeitsidee willen unverändert die Rolle des berufenen unabhängigen Beraters und Vertreters in allen Rechtsangelegenheiten zukommt.

Der Dienst am Recht und der damit einhergehende Gemeinwohlbezug anwaltlicher Tätigkeit sind aber, wie Gustav Radbruch schon in seiner Rechtsphilosophie formuliert hat, mit einer utilitaristisch ausgerichteten Ethik nicht vereinbar. Denn eine solche Ethik begreift die anwaltliche Dienstleistung eben nur noch als Ware, die, mit Business-Ethik ästhetisch garniert, so gewinnbringend wie möglich zu verkaufen ist. Nimmt die Anwaltschaft ihre Aufgabe als Organ der Rechtspflege weiterhin ernst und will sie sich dieser Aufgabe stellen, dann muss sie sich konsequenterweise auch für eine Ethik entscheiden, die ihr um kategorischer Werte willen innerhalb ihres rechtlichen Dürfens deutlich engere Grenzen setzt.

Wollte sich die Anwaltschaft dagegen von diesem tradierten und wohlfundierten Leitbild ihres Berufs verabschieden, befände sie sich ganz offensichtlich auf dem Weg zum normalen Gewerbetreibenden und ginge dann wohl aller ihrer noch bestehenden Privilegien wie des Beratungs- und Vertretungsmonopols oder ihres Verschwiegenheitsrechts und ihrer besonderen Vertrauensstellung in der Bevölkerung verlustig. Man kann dies natürlich wollen, doch sollte die Anwaltschaft wenigstens intensiv diskutieren, für welche Zukunft sie die Weichen stellen will: Eine weitere Kommerzialisierung der Anwaltschaft oder eine am Ideal der freiberuflichen Tätigkeit orientierte Anwaltschaft! Dabei wird sie auch die weitreichenden Folgen für unsere Rechtskultur und den Zugang des Bürgers zum Recht zu bedenken haben.

III. Berufsethische Werte

1. Wertekatalog

Bejaht man die Notwendigkeit einer aus kategorischen Werten abzuleitenden Berufsethik, dann stellt sich die weitere Frage nach den für die Anwaltschaft spezifischen Werten und den in der täglichen anwaltlichen Praxis im Hinblick auf diese Werte auftretenden Konfliktfeldern. Schon das normierte Berufsrecht enthält in den § 43a BRAO sowie 2 und 3 BORA eine Reihe von Grundpflichten, nämlich

- die Unabhängigkeit
- die Verschwiegenheit
- das Verbot der Wahrnehmung widerstreitender Interessen
- die Gewissenhaftigkeit und
- die Sachlichkeit.

Dem Verbot der Wahrnehmung widerstreitender Interessen sind noch Werte wie

- Geradlinigkeit
- Loyalität
- Zurückstellung eigener Interessen

zugeordnet, dem Wert der Gewissenhaftigkeit die Werte der

- Einsatzbereitschaft
- Sorgfalt
- Vorsicht
- Kompetenz
- Transparenz.

Zum Wert der Sachlichkeit gehören des Weiteren die Werte der

– Mäßigung

– Distanz zur Sache

– Wahrhaftigkeit

– Professionalität.

Wichtig erscheinen darüber hinaus auch noch die Werte der

– sozialen Verantwortung mit der Bereitschaft zu ehrenamtlichem Engagement und der Verantwortung für- und untereinander sowie

– der Menschlichkeit mit der Bereitschaft zur Folgenverantwortung, Fairness, Höflichkeit und Kollegialität und schließlich

– die Integrität innerhalb und außerhalb des Berufs.

2. Einzelne Aspekte

Meine Redezeit verbietet es, mich mit allen diesen Werten und den sich daraus in der anwaltlichen Praxis ergebenden Konfliktfeldern zu befassen. Einige wenige davon, die für die öffentliche Debatte besonders wichtig sind, möchte ich aber näher beleuchten:

a) Die Unabhängigkeit des Rechtsanwalts gehört zum unverzichtbaren Bestandteil anwaltlicher Berufsausübung und wird dem Rechtsanwalt in § 1 BRAO als unabhängigem Organ der Rechtspflege und in § 3 Abs. 1 BRAO als unabhängigem Berater und Vertreter gesetzlich garantiert. Der Rechtsanwalt ist also weder Staatsdiener noch willfähriges Instrument seines Auftraggebers. Nur der in diesem Sinne unabhängige Rechtsanwalt kann z.B. seine Pflicht zur Wahrhaftigkeit ordnungsgemäß erfüllen. Denn von seiner Interessenlage her wird ein Mandant von einem Rechtsanwalt sicherlich erwarten, dass er nötigenfalls wahrheitswidrig vorträgt, um dem Mandanten im Zivilprozess zum Erfolg zu verhelfen oder ihn im Strafprozess der Strafe zu entziehen. Die Erwartung der Rechtsgemeinschaft an den Rechtsanwalt ist dagegen eine andere: Der Richter muss sich darauf verlassen können, dass der Rechtsanwalt gerade nicht wahrheitswidrig vorträgt oder anders ausgedrückt, der Richter darf nicht davon ausgehen müssen, dass der Anwalt lügt. Vielmehr gehört der wahrheitsgemäße Vortrag zur Integrität und Gradlinigkeit, die von der Anwaltschaft als Berufsstand erwartet werden.

Und wie ist dieser Konflikt zu lösen? Wollen wir mit einem prominenten Berufsrechtler, der auch noch zu Ihnen sprechen wird, nämlich Herr *Michael Kleine-Cosack*, von einem „Verlogenen Verbot der Anwaltslüge" sprechen (Anwaltsblatt Heft 7/2009) und die Lüge für zulässig halten, wenn sie nur „einem legitimen – rechtsstaatlich vertretbaren – Zweck dient"? Oder sind die Grenzen um der Funktion der Anwaltschaft als Organ der Rechtspflege willen enger zu ziehen und wo? Welches Gewicht wollen wir überhaupt den beiden Vertrauensverhältnissen beimessen? Soll das Vertrauen des Rechtsuchenden in seine – bedingungslose? – Interessenvertretung Vorrang vor dem Vertrauen der Rechtsgemeinschaft in das Handeln des Rechtsanwalts als Organ der Rechtspflege haben, der Anwalt damit aber auch zum „Mietmaul" des Mandanten werden und seine Unabhängigkeit aufs Spiel setzen? Oder soll umgekehrt dem Rechtsanwalt als Organ der Rechtspflege das größere Gewicht beigemessen werden? Hierzu wird Ihnen sicherlich Herr *Prof. Dr. Jahn* im Januar nächsten Jahres noch detailliert vortragen, und ich bin gespannt, zu welchen Ergebnissen er kommen wird. Die Ethik-Kommission der BRAK hat sich jedenfalls mit großem Nachdruck dafür ausgesprochen, dass bei einem solchen Konflikt mit der Loyalität gegenüber dem Mandanten der Pflicht zur Wahrhaftigkeit der Vorrang gebührt. Selbstverständlich bedeutet das nicht, dass der Rechtsanwalt auch durch einen seinem Mandanten nachteiligen Vortrag zur Wahrheitsfindung beitragen oder in Verfahren mit Amtsermittlungsgrundsatz den ermittelten Sachverhalt zum Nachteil seines Mandanten richtig stellen müsste. Denn unsere Rechtsordnung legitimiert ihre Ergebnisse aus der Beachtung vorgegebener Verfahrensregeln und nimmt daraus resultierende Abweichungen von der materiellen Wahrheit bewusst in Kauf. Typisches Beispiel hierfür ist die Verurteilung oder der Freispruch nach Beweislastregeln oder auch die dem Gerichtsprotokoll in Strafsachen kraft Gesetzes zugewiesene absolute Beweiskraft, die bei dem Problem der sog. Rügeverkümmerung im Strafverfahren eine entscheidende Rolle spielt. In Wahrnehmung der Interessen ihrer Mandanten dürfen und müssen die Rechtsanwältinnen und Rechtanwälte diese Verfahrensregeln ausschöpfen. Andererseits dürfen sie die Folgen dieser Verfahrensregeln aber auch nicht durch bewusst wahrheitswidrigen Vortrag korrigieren wollen oder dem Mandanten auch nur diesbezügliche Empfehlungen zur „richtigen" Darstellung des Sachverhalts gegeben. Denn die Pflicht zur Wahrhaftigkeit verbietet ein Zurechtbiegen des Sachverhalts.

b) Das Verbot der Wahrnehmung widerstreitender Interessen ist ein besonders sensibler Bereich für das Vertrauen der Mandanten in die Anwaltschaft. Dabei geht es oft gar nicht um Interessenkonflikte im Rechtssinne, sondern um von Mandanten geforderte Loyalität. So dürfte ich zum Beispiel von Rechts wegen einen Hauseigentümer gegen den Mieter A vertreten und gleichzeitig umgekehrt den Mieter B gegen diesen Hauseigentümer. Selbstverständlich wird der betreffende Anwalt bei einem solchem Vorgehen darauf achten müssen, dass er seine anwaltliche Verschwiegenheitspflicht nicht verletzt, doch bescheinigte das Bundesverfassungsgericht in seiner Entscheidung zum Sozietätswechslerfall der Anwaltschaft, dass man ihr beim Auftreten derartiger Probleme durchaus vertrauen könne und müsse. Gleichwohl wird ein derartiges Verhalten eines Rechtsanwalts bei dem betreffenden Hauseigentümer auf vollkommenes Unverständnis stoßen und mit Sicherheit zu einer Beschwerde bei der zuständigen Rechtsanwaltskammer führen. Zu fragen ist deshalb in diesem Zusammenhang, ob ein Anwalt um des Vertrauens der Mandanten willen bereits den Anschein eines Interessenkonflikts vermeiden und auf ein Tätigwerden verzichten sollte? Oder sollen wir sogar so weit gehen wie die amerikanische Anwaltschaft, nach deren Verständnis ein Rechtsanwalt seinem Mandanten tatsächlich ungeteilte Loyalität schuldet? Soll also ein Mandant von seinem Anwalt erwarten können, dass er in keiner Weise gegen ihn tätig wird, also auch nicht in einer anderen Rechtssache? Denken Sie z.B. an die Fälle einer regelmäßigen Vertretung eines Haftpflichtversicherers in Verkehrshaftpflichtsachen oder einer Kommune im öffentlichen Dienstrecht – soll der Anwalt in diesen Fällen auch Mandate gegen den Haftpflichtversicherer oder gegen die Kommune führen dürfen?

In unmittelbarem Zusammenhang mit dieser Fragestellung steht die Frage nach der Bedeutung des Einverständnisses zweier oder mehrerer Mandanten mit einer gegenläufigen Interessenvertretung durch dieselbe Anwaltskanzlei. Ist es für das Ansehen des Berufstandes wirklich hilfreich, wenn wir zum Beispiel unter Berufung auf die berühmten „chinese walls" um das Einverständnis von zwei Mandanten mit gegenläufigen Interessen buhlen, sie gleichzeitig vertreten zu dürfen? Oder sollten wir uns nicht doch einer strengeren ethischen Selbstbindung dahingehend unterwerfen, dass wir widerstreitende Mandate in derselben Sozietät generell ablehnen? Oder sollten wir vielleicht zumindest dahingehend differenzieren, ob neben der persönlichen auch eine räumliche Trennung der Mandatsbearbeitung wie häufig gerade bei Großkanzleien gegeben ist?

c) Ein weiteres, ebenfalls sehr sensibles Kapitel im Verhältnis Anwalt und Mandant habe ich schon angesprochen, nämlich die Honorierung anwaltlicher Tätigkeit. Dabei sollte sich die Anwaltschaft als Teilnehmer am Wirtschaftsleben durchaus zu ihrem Anspruch auf eine angemessene Honorierung ihrer Tätigkeit bekennen. Aus ihrer besonderen Funktion als Organ der Rechtspflege folgt aber meines Erachtens auch, dass eben nicht nur wirtschaftliche Interessen das anwaltliche Handeln bestimmen dürfen. Vielmehr ist im Zweifel den Interessen des Mandanten und der Rechtspflege der Vorrang einzuräumen, also z.B. ein Strafprozess nicht unnötig hinauszuzögern, um zusätzliche Hauptverhandlungstage abrechnen zu können oder der Streitwert in Zivilverfahren nicht künstlich hochzutreiben.

Bei dem Abschluss von Vergütungsvereinbarungen sind die Unabhängigkeit, Gewissenhaftigkeit und Integrität des Rechtsanwalts in besonderem Maße gefordert. Über die gesetzlichen Vorgaben der §§ 3a – 4b RVG hinaus erfordert das Gebot der Transparenz nach meinem Verständnis eine nachvollziehbare Erläuterung der jeweiligen Honorarforderung, der „üblichen Vergütung" i.S. des § 34 Abs. 1 S. 2 RVG i.V.m. § 612 Abs. 2 BGB, der voraussichtlich insgesamt anfallenden Kosten, der Risiken der Rechtsdurchsetzung und der möglichen Erstattungsansprüche. Bei Vorliegen der Voraussetzungen für eine Beratungs- oder Prozesskostenhilfe ist auf die Möglichkeit der Inanspruchnahme hinzuweisen und auf anderweitige Honorarforderungen zu verzichten. Eine besondere Notlage des Mandanten darf nicht zur Durchsetzung unangemessener Honorarforderungen genutzt werden.

d) Aus dem Wert der Gewissenhaftigkeit ist nach meiner Auffassung zum Beispiel die Fortbildungspflicht, aber auch die Verantwortung des Rechtsanwalts für die Folgen seines Handelns abzuleiten. Denken Sie zum Beispiel an die Beratung von Unternehmen bei geplanten Massenentlassungen oder einer drohenden Insolvenz. In solchen Fällen sollte der beratende Anwalt doch wohl auch die Folgen für das Ansehen des Mandanten in der Öffentlichkeit, für dessen Familie, aber auch für die Arbeitnehmerinnen und Arbeitnehmer bedenken und sie dem Mandanten vor Augen führen. Anwältinnen und Anwälte sollten eben nicht nur „Rechtstechniker" sein, sondern über die Interessen ihrer Mandanten hinaus die weitergehenden Folgen ihres Handelns für den Mandanten, dessen Gegner, Dritte und das Gemeinwohl bedenken.

e) Ihre soziale Verantwortung nimmt die deutsche Anwaltschaft in eindrucksvoller Weise insbesondere in Beratungs-, Prozess- und Verfahrenskostenhilfesachen sowie bei der Übernahme von Pflichtverteidigungsmandaten wahr. Nicht zu übersehen ist aber, dass dies nur durch einen eigeschränkten Teil der Anwaltschaft geschieht, weshalb sich insbesondere die wirtschaftsrechtlich orientierten Großkanzleien fragen lassen müssen, ob und wie sie ihr diesbezügliches Defizit durch Pro-Bono-Tätigkeiten ausgleichen.

f) Zum Stichwort „Großkanzleien" sei bei dieser Gelegenheit erwähnt, dass es für sie grundsätzlich keine anderen ethischen Verpflichtungen gibt als für die Einzelanwältinnen und Einzelanwälte oder kleine und mittlere Sozietäten. Allerdings müssen die Großkanzleien wegen ihrer besonderen Strukturen durch zusätzliche organisatorische und administrative Vorkehrungen dafür sorgen, dass die berufsrechtlichen und berufsethischen Regeln und Handlungsmaximen auch bei ihnen eingehalten werden.

IV. Verbindlichkeit

Lassen Sie mich zum Schluss noch auf die Befürchtung der Gegner berufsethischer Regeln eingehen, sie stellten nichts anders als die Wiedereinführung von Standesrichtlinien in anderem Gewand dar. Zumindest zwei prominente Vertreter dieser Auffassung werden Sie im Rahmen dieser Ringvorlesung noch hören können, nämlich Herrn Kollegen *Dr. Kleine-Cosack* am 22.11.2012 und den Bundesverfassungsrichter *Prof. Dr. Gaier* am 24.1.2013. In der Auseinandersetzung mit diesen Befürchtungen gebe ich folgendes zu bedenken:

1. Ergebnisoffener Umgang mit Berufsethik

Herr *Prof. Dr. Gaier* hat in einem Aufsatz im Forum der Rechtsanwaltskammer Köln vom März 2010 betont, dass seine Vorbehalte gegenüber einem ethischen Verhaltenscodex keinesfalls als ein Plädoyer für ein Ende der Ethikdebatte in der Anwaltschaft verstanden werden dürften. Vielmehr zeichne es einen Berufstand aus, wenn er eine eigene berufliche Ethik für sich in Anspruch nehme, darüber diskutiere und um Ergebnisse ringe. Aus diesem Grunde empfahl er den beiden großen Berufsverbänden,

„für einen ergebnisoffenen Umgang mit beruflicher Ethik den Weg zu bereiten, indem sie – gegebenenfalls eben auch unterschiedliche – Ansichten und Positionen zu bestimmten berufsethischen Themen und auch einzelnen Fragen zusammentragen, kommentieren und veröffentlichen. Mit einem Regelwerk für moralisch einwandfreies Verhalten hätte dies nichts zu tun."

Genau diesen Gedanken hat das Präsidium der BRAK mit seinem in den BRAK-Mitteilungen 2011, 58 ff. veröffentlichten Diskussionspapier verfolgt. Denn bei der Debatte um die Notwendigkeit einer Berufsethik geht es zuallererst darum, mit möglichst vielen Rechtsanwältinnen und Rechtsanwälten in einen Diskurs über eine besondere, über das normierte Berufsrecht hinausgehende ethische Dimension unseres Berufs einzutreten und für konkrete Konflikte nach Lösungen zu suchen. Allein durch eine solche Debatte wird nämlich schon das Vertrauen der Rechtsuchenden und der Rechtsgemeinschaft in den Berufsstand gefördert werden.

2. Verbindliche Anerkennung

Ethisch begründete Verhaltensregeln erheben selbstverständlich den Anspruch, auch befolgt zu werden. Es bleibt jedoch jedem einzelnen überlassen, sie auch tatsächlich und in der von ihm für richtig gehaltenen Art und Weise zu befolgen. Es liegt also im Wesen ethischer Verhaltensregeln, dass sie, von wem auch immer sie aufgestellt werden, immer nur von dem Adressaten als für ihn verbindlich anerkannt werden können. Eine Instanz, die ethische Verhaltensregeln für allgemeinverbindlich erklären und sie unter Berufung darauf auch durchsetzen könnte, gibt es nicht. Das gilt selbst für Kants kategorischen Imperativ, obwohl es sich um einen Imperativ, und noch dazu um einen kategorischen handelt. Eine Ausnahme bildet allenfalls die katholische Kirche. Doch werden selbst die von ihr ex cathedra für allgemeinverbindlich erklärten Regeln von ihren Angehörigen nur in sehr unterschiedlicher Art und Weise befolgt. In dieser Erkenntnis hat zum Beispiel auch schon der BGH (Anwaltsblatt 2011, 395) entschieden, dass der Verstoß eines Unternehmens gegen einen Verhaltenscodex seines Verbandes nicht unter Berufung auf § 3 Abs. 1 UWG geahndet werden kann. Und erst recht wird natürlich das Bundesverfassungsgericht mit Argusaugen darüber wachen, dass ethische Verhaltensregeln, auf welchem Wege auch immer, keine allgemeine Verbindlichkeit erlangen. Die Besorgnis der Gegner eines berufsethischen Verhaltenscodex, er könne auf indirektem Wege allgemeinverbindlich werden und auf diese Weise die Berufsausübungsfreiheit einschränken, ist deshalb unbegründet.

11

3. Aufnahme in die Berufsordnung

Denkbar ist natürlich, dass die Satzungsversammlung Regeln aus einem ethischen Verhaltenscodex durch die Aufnahme in die Berufsordnung (BORA) in Berufsrecht transformiert. Geschähe dies, wären damit allerdings in der Tat wieder Einschränkungen der Freiheiten in der Berufsausübung verbunden – und genau dies dürfte den Kern der Befürchtungen derjenigen ausmachen, die sich gegen zusätzliche berufsethische Regeln wenden. Denn sie wollen um der Freiheit der Berufsausübung willen auf weitergehende berufsethische Regeln verzichten. Schon die bestehenden berufsrechtlichen Regeln unterwerfen uns aber im Interesse der Rechtsuchenden und einer funktionsfähigen Rechtspflege Beschränkungen und Bindungen, sodass es immer nur um die Frage gehen kann, in welchem Verhältnis Freiheit und Bindung des Rechtsanwalts zueinander stehen sollen und müssen, um das notwendige Vertrauen in die Anwaltschaft zu erhalten und zu sichern. Sind die bestehenden berufsrechtlichen Regeln hierfür ausreichend oder legen die vorhin dazu aufgeworfenen Fragen nicht eine Ergänzung nahe? Und könnte nicht auch eine Diskussion über berufsethische Regeln im Sinne einer Diskursethik doch dazu führen, dass sich gemeinsame Überzeugungen von der Richtigkeit eines bestimmten Verhaltens in bestimmten Situationen herausbilden und sich die Kolleginnen und Kollegen dann auch freiwillig entsprechend verhalten. Die so entwickelten ethischen Regeln könnten dann als Versprechen jedes einzelnen Anwalts an die Öffentlichkeit verstanden werden, die eigene Freiheit nicht missbräuchlich nutzen zu wollen. Und mit einem solchen Versprechen würde die Anwaltschaft deutlich machen, dass sie sich nach wie vor als ein unabhängiges Organ der Rechtspflege versteht und sich ihrer besonderen Verantwortung für die tägliche Verwirklichung des Rechtsstaats bewusst ist.

B. Europa als Motor eines liberalen Anwaltsrechts

Vorlesung an der Universität Hannover am 15.11.2012

Rechtsanwalt Prof. Hans-Jürgen Hellwig, Frankfurt a.M.

Der europäische Motor treibt seit dem EWG-Vertrag von 1957, um im Bilde zu bleiben, über zwei Antriebswellen die nationalen Anwaltsrechte an in Richtung Liberalisierung. Die eine ist das sog. Primärrecht, also heute der Vertrag von Lissabon, mit seinem Diskriminierungsverbot, mit seinen Grundfreiheiten, von denen insbesondere die beiden Freiheiten zur vorübergehenden Dienstleistung und zur Niederlassung über die Grenze einschlägig sind, und mit der Freiheit des Wettbewerbs, d.h. dem Verbot wettbewerbsbeschränkender Vereinbarungen, Beschlüsse und Verhaltensweisen – alles Regelungen, auf die sich der Einzelne unmittelbar berufen kann. Die zweite Antriebswelle ist das Sekundärrecht, also insbesondere die Richtlinien, die vom europäischen Gesetzgeber zur Verwirklichung der Grundfreiheiten erlassen werden und auf die sich der Einzelne grundsätzlich erst berufen kann, wenn sie in das nationale Recht umgesetzt worden sind. Die sich über Primärrecht und Sekundärrecht ergebende künftige Liberalisierung der grenzüberschreitenden Anwaltstätigkeit, die nicht ohne Auswirkungen auf die rein nationale Anwaltstätigkeit würde bleiben können, wurde bei der Gründung der EWG von den Anwaltschaften in Europa freudig begrüßt und führte im Jahre 1960 zur Gründung des heutigen Rates der europäischen Anwaltschaften (CCBE) in Brüssel[1]. Diese positive Grundhaltung wurde aber rasch von Skepsis, ja Ablehnung abgelöst. Jetzt hieß es, die Dienstleistungs- und die Niederlassungsfreiheit finde auf Anwälte keine Anwendung, weil ihre Tätigkeit als Organ der Rechtspflege mit der Ausübung öffentlicher Gewalt verbunden sei, für die die beiden Grundfreiheiten nicht gelten. Diese protektionistische Rechtsansicht hat der EuGH 1974 mit seiner Entscheidung in der Sache *Reyners* zurückgewiesen[2]. Seitdem steht fest, dass Rechtsanwälte von der Dienstleistungs- und Niederlassungsfreiheit nicht per se ausgenommen sind, sondern dass ihre Stellung als Organ der Rechtspflege nur einzelne Beschränkungen bei der Ausübung dieser Grundfreiheiten rechtfertigen kann.

I. Die anwaltliche Dienstleistungsrichtlinie

Nach der Entscheidung *Reyners* gab die Anwaltschaft ihren Widerstand auf und war der Weg frei für die anwaltliche Dienstleistungsrichtlinie von 1977, die als sog. sektorale Richtlinie die vorübergehende grenzüberschreitende Tätigkeit von Anwälten regelt, bei der der Anwalt von seiner

---

1 Vgl. *Hellwig*, FS Busse, Zur Geschichte des CCBE, 107, 108 ff.
2 EuGH, Slg. 1974, 631.

Heimatkanzlei aus vorübergehend in einem anderen Mitgliedsstaat tätig ist, indem er beispielsweise seinen Mandanten zu Verhandlungen ins Ausland begleitet. Das Prinzip dieser Richtlinie, deren Umsetzung sich heute in §§ 25 ff. EuRAG findet, ist relativ einfach. Nach Art. 1–3 werden die heimatlichen Berufsbezeichnungen in der Sprache des Herkunftsstaates für alle anwaltlichen Tätigkeiten anerkannt, mit der möglichen Ausnahme für erbrechtliche Verwaltung und Grundstücksgeschäfte. Bei der Tätigkeit in der Vertretung und der Verteidigung von Mandanten im Bereich der Rechtspflege darf nach Art. 5 der Zielstaat verlangen, dass der ausländische Anwalt diese Tätigkeit zusammen mit einem zugelassenen Anwalt des Zielstaates ausüben muss. Deutschland hatte diese Regelung betreffend den sog. Einvernehmensanwalt ursprünglich in § 4 RDAG dahingehend umgesetzt, dass der ausländische Anwalt in allen gerichtlichen Verfahren sowie in den meisten behördlichen Verfahren in Deutschland ausnahmslos im Einvernehmen mit einem in Deutschland zugelassenen Rechtsanwalt handeln muss. Der EuGH hat 1988 in der Sache *Kommission/Deutschland* eine wichtige Klarstellung vorgenommen, die aus Art. 5 der Richtlinie nicht hervorgeht, nämlich, dass das Erfordernis des Einvernehmensanwalts wegen der primärrechtlichen Dienstleistungsfreiheit nur für solche Tätigkeiten aufgestellt werden darf, für die nach dem Recht des Zielstaates Anwaltszwang besteht[3]. Der heutige § 28 EuRAG spiegelt diese Einschränkung wider. Das genannte Urteil des EuGH hat über den konkreten Anlass hinaus grundsätzliche Bedeutung deshalb, weil der EuGH Art. 5 der Richtlinie primärrechtskonform einschränkend ausgelegt hat. Insofern zeigt dieser Fall, dass man bei der unionsrechtlichen Beurteilung von nationalen Vorschriften, die in Umsetzung einer Richtlinie ergangen sind, neben der Richtlinie stets auch das dieser zugrundeliegende Primärrecht im Blick haben muss.

Anzunehmen, dass erst die anwaltliche Dienstleistungsrichtlinie von 1977 zur grenzüberschreitenden Tätigkeit von Anwälten geführt hat, wäre falsch. Bereits vor 1977 sind in großem Umfang Anwälte in Ausübung ihrer Dienstleistungsfreiheit grenzüberschreitend tätig gewesen. Die Richtlinie hat nur dieser Praxis eine zusätzliche sekundärrechtlich ausformulierte Grundlage gegeben.

Um rein faktisch die zielstaatliche Anerkennung der Stellung als herkunftsstaatlicher Rechtsanwalt zu erleichtern, hat der CCBE parallel zum Erlass der Richtlinie 1977 seine Anwaltscard geschaffen, die von der herkunftsstaatlichen Zulassungsstelle ausgestellt, mit dem Namen des CCBE versehen und auf dieser Grundlage in allen anderen Mitgliedsstaaten anerkannt wird.[4]

---

3 EuGH, Slg. 1988, 1123.
4 Vgl. *Hellwig*, FS Busse, 107, 113.

II. Die allgemeinen Diplom- und Berufsqualifikations-anerkennungsrichtlinien

In den ersten etwa 25 Jahren der EWG verfolgte die Brüsseler Kommission einen sektoralen Ansatz – die einzelnen Dienstleistungsberufe sollten jeweils durch eigene sektorale Richtlinien geregelt werden. Dieser Ansatz, für den die anwaltliche Dienstleistungsrichtlinie von 1977 ein Beispiel ist, erwies sich angesichts der Vielzahl der unterschiedlichen Dienstleistungen als zu langwierig. Die Kommission wechselte deshalb zu einem horizontalen Ansatz, bei dem nicht jede Dienstleistungsart einzeln, sondern möglichst viele Dienstleistungsarten gleichzeitig geregelt werden. Die erste derartige horizontale Richtlinie mit Relevanz für die Anwaltstätigkeit ist die Diplomanerkennungsrichtlinie von 1988, die seit 2005 in der nicht auf Hochschuldiplome beschränkten, sondern umfassender angelegten Berufsqualifikationsrichtlinie aufgegangen und heute in §§ 16 ff. EuRAG umgesetzt ist. Danach kann ein Rechtsanwalt auf der Grundlage seiner Qualifikation im Herkunftsstaat zusätzlich die Qualifikation in einem anderen Mitgliedsstaat erwerben, indem er dort eine zusätzliche Eignungsprüfung ablegt. Diese Eignungsprüfung ermöglicht ohne Wartefristen die sofortige sog. Vollintegration in die Anwaltschaft des gewünschten Mitgliedsstaates. Der betreffende Anwalt ist unter der jeweiligen beruflichen Bezeichnung Vollmitglied der Anwaltschaft zweier Mitgliedsstaaten.

III. Die anwaltliche Niederlassungsrichtlinie

Nach Erlass der anwaltlichen Dienstleistungsrichtlinie hatte die Kommission 1977 den CCBE gebeten, einen Entwurf für eine entsprechende anwaltliche Niederlassungsrichtlinie vorzulegen. Trotz des grundsätzlichen Übergangs zu einem horizontalen Richtlinienansatz war die Kommission damit einverstanden, dass der CCBE seine Arbeit an einer sektoralen anwaltlichen Niederlassungsrichtlinie fortsetzte. Der CCBE legte seinen Entwurf 1995 vor. Dieser Entwurf führte zu einem Vorschlag der Kommission für eine anwaltliche Niederlassungsrichtlinie, die 1998 verabschiedet wurde[5].

Das Regelungsprinzip dieser Richtlinie, umgesetzt in §§ 2 ff. EuRAG, ist dasselbe wie bei der anwaltlichen Dienstleistungsrichtlinie. Ein Anwalt darf sich nach Art. 1–5 unter seiner herkunftsstaatlichen Berufsbezeichnung in einem Zielstaat niederlassen, und zwar unbefristet, und hat dort die Tätigkeitsbefugnisse eines örtlichen (zielstaatlichen) Anwalts, wieder mit der möglichen Ausnahme für erbrechtliche Verwaltungen und Grundstücksgeschäfte sowie des Erfordernisses des Einvernehmensanwalts für die Tätigkeit vor Gericht und Behörden. Nach mindestens dreijähriger

---

5 Vgl. *Hellwig*, FS Busse, 107, 115 ff.

„effektiver und regelmäßiger Tätigkeit im Aufnahmestaat" im Recht dieses Mitgliedsstaats einschließlich des Gemeinschaftsrechts hat ein herkunftsstaatlicher Anwalt nach Art. 10, das Recht auf Zugang zum Rechtsanwaltsberuf des Aufnahmestaats, d.h. er erwirbt zusätzlich zu seiner herkunftsstaatlichen Berufsbezeichnung auch die Berufsbezeichnung des Aufnahmestaates, und zwar ohne Eignungsprüfung. Damit hat ein Anwalt seit 1998 zwei Möglichkeiten, wie er zusätzlich zu seiner herkunftsstaatlichen Bezeichnung die Berufsbezeichnung eines anderen Mitgliedsstaates erwerben kann, nämlich durch Ablegung der nicht an ein Fristerfordernis gebundenen Eignungsprüfung oder durch dreijährige effektive und regelmäßige niedergelassene Tätigkeit in dem anderen Mitgliedsstaat.

Durch die Niederlassungsrichtlinie ergab sich die für die grenzüberschreitende Tätigkeit eines Anwalts wichtige Frage der Abgrenzung zwischen (vorübergehender) dienstleistender Tätigkeit einerseits und niedergelassener Tätigkeit andererseits, oder, konkret formuliert, wie lange oder wie oft eine vorübergehende Dienstleistung erfolgen kann, bevor sie in eine niedergelassene Tätigkeit umschlägt, mit der Folge, dass der Anwalt sich im Niederlassungsstaat bei den zuständigen Stellen eintragen lassen muss. Der EuGH hat in der Sache *Gebhard* 1995 entschieden, dass es für die Abgrenzung nicht auf einen rein quantitativen Ansatz oder ein einzelnes äußeres Kriterium allein ankommt, sondern dass alle Umstände des konkreten Falles zu berücksichtigen sind[6]. Im Falle *Gebhard* hatte ein deutscher Rechtsanwalt mit Kanzlei in Deutschland Büroräume in Mailand angemietet, in denen er immer wieder für einige Tage für italienische Mandanten tätig war. Der EuGH hat auch in der Summierung dieser Reisetätigkeit – jede einzelne Reise war vorübergehende Dienstleistung – verbunden mit der Anmietung der örtlichen Büroräume keine Niederlassung gesehen.

IV. Die allgemeine Dienstleistungsrichtlinie von 2006

Der europäische Gesetzgeber hat mit der allgemeinen Dienstleistungsrichtlinie von 2006 auch für die Anwaltstätigkeit weitere Liberalisierungsbestimmungen erlassen. Diese gehen im Bereich der Dienstleistungsfreiheit (Art. 16 ff.) weiter als im Bereich der Niederlassungsfreiheit (Art. 9 ff.) und beziehen sich ansonsten allgemein auf verschiedene beiden Erbringungsarten gemeinsame Aspekte, insbesondere im Bereich der Dienstleistungsqualität (Art. 22 ff.).

---

6 EuGH, Slg. 1995, I-4165.

V. Beschränkungen der Dienstleistungs- und Niederlassungsfreiheit

Die Entscheidung *Gebhard* ist neben der Abgrenzung zwischen vorübergehender und niedergelassener Dienstleistungserbringung noch aus einem weiteren Grund eine Schlüsselentscheidung. Sie besagt nämlich auch, dass die Grundfreiheiten der Dienstleistung und der Niederlassung von den Mitgliedsstaaten aus zwingenden Gründen des Allgemeininteresses eingeschränkt werden dürfen, vorausgesetzt, das mitgliedsstaatliche Ziel ist gemeinschaftsrechtskonform und die Regelung ist nicht diskriminierend, zur Erreichung ihres Zwecks geeignet und verhältnismäßig, d.h. sie geht nicht weiter, als zur Zweckerreichung erforderlich ist. Nach der Rspr. des BVerfG verlangt bekanntlich eine Beschränkung der Berufsausübungsfreiheit nach Art. 12 Abs. 1 GG die Rechtfertigung durch hinreichende Gemeinwohlbelange und wird die Beschränkung zu diesen Gemeinwohlbelangen in Relation gestellt – je gewichtiger der Gemeinwohlbelang, desto weiter darf die Beschränkung gehen[7]. Der EuGH hingegen geht in seiner Rspr. anders vor. Er ist durchweg großzügig bei der Anerkennung zwingenden Allgemeininteresses, aber streng bei der Frage der Verhältnismäßigkeit, die er nicht mit dem Allgemeininteresse korreliert, sondern mit der Erforderlichkeit der Beschränkung – letztere ist verhältnismäßig, wenn sie erforderlich ist, weil kein weniger beschränkendes Mittel zur Verfügung steht, um das zwingende Allgemeininteresse zu schützen.

Was die Möglichkeit der Rechtfertigung von Beschränkungen der Grundfreiheiten angeht, hat die allgemeine Dienstleistungsrichtlinie von 2006 eine wichtige Einschränkung gebracht, die von weiten Teilen der Anwaltschaft bisher nicht wahrgenommen worden ist[8]. Beschränkungen im Bereich der vorübergehenden grenzüberschreitenden Dienstleistung können nur noch durch Belange der öffentlichen Sicherheit, der öffentlichen Ordnung, der Volksgesundheit und des Umweltschutzes gerechtfertigt werden, nicht aber durch die sonstigen in der Rspr. des EuGH entwickelten Rechtfertigungsgründe wie etwa Belange der Rechtspflege und des Verbraucherschutzes. Das Unionrecht ist damit im Bereich der vorübergehenden Dienstleistung weitgehend beim Herkunftslandprinzip angekommen, das im Bereich der Warenverkehrsfreiheit seit dem EuGH-Urteil *Cassis de Dijon*[9] anerkannt ist. Nur im Bereich der Niederlassungsfreiheit können Belange der Rechtspflege und des Verbraucherschutzes heute noch zielstaatliche Beschränkungen der grenzüberschreitenden Tätigkeit rechtfertigen.

---

7 Vgl. BVerfGE 25, 1, 20; 30, 292, 319; 81, 70, 90 f.; 108, 150, 160.
8 Vgl. im Einzelnen *Hellwig*, Anwaltliches Berufsrecht und Europa, AnwBl 2011, 77, 82 ff.
9 EuGH, Slg. 1979, 649.

VI. Die Umsetzung der Richtlinien in das deutsche Recht

Die Umsetzung in das deutsche Recht findet sich für die Dienstleistungsrichtlinie und die Niederlassungsrichtlinie für Rechtsanwälte sowie die Berufsqualifikationsrichtlinie heute im Gesetz über die Tätigkeit europäischer Rechtsanwälte in Deutschland (EuRAG). Die allgemeine Dienstleistungsrichtlinie hat bisher im Bereich der anwaltlichen Dienstleistung nicht zu einer Änderung des EuRAG geführt.

VII. Double Deontology

Nach Art. 4 der anwaltlichen Dienstleistungsrichtlinie muss der grenzüberschreitend tätige Anwalt grundsätzlich das Berufsrecht sowohl seines Herkunftsstaates als auch das des Zielstaates beachten und kommt insoweit ggf. das Disziplinarrecht beider Länder zur Anwendung. Diese parallele Anwendung der Berufs- und Disziplinarrechte von Herkunfts- und Zielstaat nebeneinander – im Sprachgebrauch des CCBE Double Deontology genannt – kann für die grenzüberschreitende Anwaltstätigkeit zu erheblichen praktischen Problemen führen, weil die einzelnen nationalen Berufsrechte nicht nur in den Grundpflichten teilweise voneinander abweichen oder sich sogar widersprechen. Dazu zwei Beispiele: Das deutsche Recht fragt beim Tätigkeitsverbot wegen Interessenkollision, ob die beiden Rechtsangelegenheiten im Rechtssinne ganz oder teilweise identisch sind, während andere Länder – etwa Frankreich – zusätzlich darauf abheben, ob das Anwaltsgeheimnis im Zusammenhang mit dem einen Mandat durch das andere Mandat gefährdet sein kann. Wiederum andere Länder – etwa Österreich – fragen, ob ein wirtschaftlicher Interessenkonflikt vorliegt – ein Anwalt, der für einen Mandanten in einem Mandat tätig ist, darf nie in einem anderen Mandat gegen die wirtschaftlichen Interessen seines Mandanten handeln, auch wenn die beiden Mandate überhaupt nichts miteinander zu tun haben; die Folge ist, dass einem deutschen Anwalt, der nach deutschem Recht keinem Tätigkeitsverbot wegen Interessenkonflikts unterliegt, bei einer vorübergehenden Tätigkeit in Österreich der Vorwurf der Interessenkollision gemacht werden kann. Zweites Beispiel: Der Mandant kann nach deutschem Recht seinen Anwalt von der Verschwiegenheitspflicht entbinden, mit der Folge etwa, dass dieser als Zeuge in einem Gerichtsverfahren aussagen kann und muss; nach französischem oder belgischem Recht kann der Anwalt nicht entbunden werden, mit der Folge, dass seine Zeugenaussage nach seinem Heimatrecht strafbar wäre.

Die sich aus dieser Double Deontology ergebenden praktischen Schwierigkeiten für die grenzüberschreitende Anwaltstätigkeit hat der CCBE mit seinem Code of Conduct von 1988 zu lösen versucht. Es handelt sich bei diesem Regelwerk um einen Kompromiss in einer damals im CCBE sehr umstrittenen Frage. Die eine Ansicht forderte eine Vollharmonisierung aller nationale Berufsrechte für die grenzüberschreitende wie die nichtgrenzüberschreitende Anwaltstätigkeit, die andere Seite hielt dieses Ziel für politisch unrealistisch oder nicht wünschenswert und wollte es deshalb bei den allgemeinen Grundsätzen für die Anwaltstätigkeit belassen, die der CCBE 1977 mit den sog. Principles of Perugia verabschiedet hatte. Man einigte sich schließlich im CCBE Code of Conduct auf eine Vollharmonisierung der nationalen Berufsrechte, die aber nur für grenzüberschreitende Tätigkeit gelten soll[10].

Auch die anwaltliche Niederlassungsrichtlinie von 1998 sieht in Art. 6 wie schon früher die Dienstleistungsrichtlinie vor, dass grundsätzlich die Berufsrechte von Herkunfts- und Niederlassungsstaat und die entsprechenden Disziplinarrechte nebeneinander zur Anwendung kommen. Der CCBE beschloss deshalb im Jahre 2006, dass der Code of Conduct auch für die niedergelassene grenzüberschreitende Anwaltstätigkeit gelten soll.

Das ambitionierte Ziel, das sich der CCBE mit seinem Code of Conduct gesetzt hat, ist leider nicht erreicht worden. Bei seinen seit 2008 durchgeführten Erhebungen musste der CCBE feststellen, dass in keinem Mitgliedstaat das gesetzliche Berufsrecht für die grenzüberschreitende Tätigkeit an das Regelwerk des CCBE angepasst worden ist und dass die Umsetzung im untergesetzlichen Berufsrecht auf der Ebene der Anwaltsorganisationen von Land zu Land sehr unterschiedlich erfolgt ist. Statt zur erwünschten Vollharmonisierung der Berufsrechte für die grenzüberschreitende Tätigkeit ist es als Folge der völlig unterschiedlichen Umsetzung auf nationaler Ebene zu einem Flickenteppich gekommen, der die praktischen Schwierigkeiten aus der Double Deontology nach den beiden Richtlinien nicht beseitigt oder auch nur verringert, sondern im Gegenteil vergrößert. Hinzu kommt, dass die Gleichbehandlung von vorübergehender und niedergelassener grenzüberschreitender Anwaltstätigkeit im CCBE Code of Conduct beibehalten worden ist, obwohl seit der allgemeinen Dienstleistungsrichtlinie von 2006 Belange der Rechtspflege und des Verbraucherschutzes beschränkende Regelungen nur noch im Bereich der Niederlassungs-, nicht aber mehr im Bereich der Dienstleistungsrichtlinie rechtfertigen können[11], was zur Folge hat, dass beide Arten von grenzüberschreitender Anwaltstätigkeit in Einzelfragen unterschiedlich reguliert werden müssen. Und schließlich berücksichtigt der CCBE Code of Conduct in seiner heutigen Fassung nicht, dass seit 1988 die Berufsrechte in den einzelnen Ländern in wichtigen Aspekten liberaler geworden sind[12]. Beispielsweise ist das Tätigkeitsverbot bei Interessenkollision nach dem CCBE Code of Conduct strikt sozietätsdimensio-

---

10 Vgl. *Hellwig*, FS Hopt, Gemeinschaftsrechtliche Fragen des Code of Conduct des CCBE, 2791, 2792 ff.
11 Vgl. *Hellwig*, FS Hopt, 2791, 2814 mwN.
12 Vgl. Satzungsversammlung bei der Bundesrechtsanwaltskammer, Mat. 27/2012, 39/2012 und 60/2012 (dort S. 19 f.); ausführlich zu dem Ganzen *Hellwig*, CCBE Code of Conduct: Aufgabe für die neue Satzungsversammlung, AnwBl 2011, 713 ff.

nal, d.h. es gilt für alle in der Sozietät tätigen Anwälte, während heute nach deutschem Recht die Sozietätsdimensionalität entfällt, wenn sich die Mandanten nach umfassender Information mit der Vertretung ausdrücklich einverstanden erklären und Belange der Rechtspflege nicht entgegenstehen[13]. Nach dem Regelwerk des CCBE ist eine Vereinbarung eines Erfolgshonorars oder einer quota litis stets verboten, nach deutschem Recht ist sie inzwischen zulässig, wenn sie den sonst nicht gegebenen Zugang zum Recht ermöglicht[14]. Ähnliche Liberalisierungen hat es in den nationalen Berufsrechten anderer Länder gegeben. Überall dort, wo das nationale Berufsrecht heute liberaler ist als der CCBE Code of Conduct, führt dieser dazu, dass die grenzüberschreitende Tätigkeit strenger reguliert wird als die nichtgrenzüberschreitende Tätigkeit, d.h. die grenzüberschreitende Tätigkeit wird diskriminierend reguliert.

Europa als Motor eines liberalen Anwaltsrechts – dass es bei der Frage der auf die grenzüberschreitende Anwaltstätigkeit anwendbaren Berufs- und Disziplinarrechte zu diesen praktischen, über die Zeit größer gewordenen Schwierigkeiten gekommen ist, hat seinen Grund darin, dass der europäische Gesetzgeber bei beiden Anwaltsrichtlinien keine klare Aussage getroffen hat, welches Berufs- und Disziplinarrecht als grundsätzlich einziges Recht zur Anwendung kommen soll. Dies deshalb, weil die nationalen Anwaltsorganisationen nur bereit gewesen waren, die ausländischen Berufsbezeichnungen und Tätigkeitsbefugnisse ausländischer Anwälte zu akzeptieren, aber auf die Anwendung ihres jeweils eigenen Berufs- und Disziplinarrechts nicht hatten verzichten wollen. Bisher fehlt es zur Frage der anwendbaren Berufs- und Disziplinarrechte an einer Entscheidung des EuGH, etwa in dem Sinne, dass die Anordnung der Double Deontology gegen die primärrechtliche Grundfreiheit verstößt. All das ändert aber nichts daran, dass der Motor Europa trotz der praktischen Schwierigkeiten im Bereich der Double Deontology mit den beiden anwaltlichen Richtlinien von 1977 und 1998 sowie der auch für Anwälte geltenden Diplomanerkennungsrichtlinie von 1988 zu einem grenzoffeneren, liberaleren anwaltlichen Berufsrecht geführt hat.

VIII. Neues Ziel: Die Liberalisierung der nichtgrenzüberschreitenden Tätigkeit

Allerdings war diese Entwicklung im Wesentlichen auf die grenzüberschreitende Anwaltstätigkeit beschränkt und erfasste die nichtgrenzüberschreitende Tätigkeit kaum. Das änderte sich, als sich Europa im Jahre 2002 mit der Agenda von Lissabon zum Ziel setzte, zum welt-

---

13 Nr. 3.2.4 CCBE Code of Conduct einerseits und BVerfG „Sozietätswechselbeschluss" v. 3.7.2003, AnwBl 2003, 521 und § 3 Abs. 2 BORA nF.
14 Nr. 3.3.1 CCBE Code of Conduct einerseits und BVerfG, Beschluss v. 12.12.2006, AnwBl 2007, 297 sowie § 49b BRAO nF und § 4a RVG nF andererseits.

stärksten Dienstleistungswirtschaftsraum zu werden. Der Verwirklichung dieses Ziels dienten der Wettbewerbsbericht der Kommission von 2004 und die späteren Folgeberichte sowie der ebenfalls in 2004 vorgelegte Vorschlag für die im Jahre 2006 verabschiedete, bereits erwähnte allgemeine Dienstleistungsrichtlinie. Im Visier der Kommission sind seitdem nicht mehr in erster Linie spezifische Grenzüberschreitungsaspekte, sondern das Berufsrecht insgesamt, denn für die Anwendbarkeit des Unionsrechts auf eine bestimmte Regelung reicht es aus, wenn diese auch nur möglicherweise auf einen Anwalt aus einem anderen Mitgliedsstaat zur Anwendung kommen kann[15]. Ausweislich der Wettbewerbsberichte und der Dienstleistungsrichtlinie von 2006 stehen insbesondere die folgenden Themen im Fokus der Kommission.

1. Zugangsschranken zum Beruf und Tätigkeitsmonopole

In Deutschland handelt es sich bei der Anwaltschaft um das Erfordernis zweier Staatsprüfungen sowie das mit Einschränkungen bestehende Anwaltsmonopol (§ 4 BRAO sowie § 3 BRAO einerseits und §§ 1 ff. Rechtsdienstleistungsgesetz – RDG andererseits). Eine Studie im Auftrag der Kommission von 2012 hat ergeben, dass im Bereich der Rechtsdienstleistungen in Deutschland und in anderen Ländern solche Schranken und Monopole bestehen, aber der Qualität der Rechtsdienstleistung dienen. Unter dem Aspekt der anwaltlichen Qualität beim Zugang zum Beruf bestehen deshalb mit Blick auf die Rechtslage in Deutschland keine wesentlichen Bedenken. Probleme sehe ich aber bei der Frage der Aufrechterhaltung der Qualität nach erfolgtem Berufszugang. Die allgemeine Fortbildungspflicht nach § 43a Abs. 6 BRAO steht nur auf dem Papier, ihre Verletzung löst bisher keinerlei Konsequenzen aus. Die Kommission hat mehrfach dargelegt, dass sich hohe Zugangsschranken zum Beruf und Tätigkeitsmonopole nur dann mit dem Qualitätsargument rechtfertigen lassen, wenn im System effektive Vorsorge getroffen wird, damit nach erfolgtem Zugang zum Beruf die Qualität – ich formuliere es drastisch – „nicht verlottert". An einer solchen Vorsorge fehlt es im Gegensatz zum übrigen Europa in Deutschland völlig. Hier tickt m.E. eine Zeitbombe[16].

2. Werbung

Nach Art. 24 der Dienstleistungsrichtlinie von 2006 betreffend die kommerzielle Kommunikation, d.h. die Werbung, müssen berufsrechtliche Beschränkungen der Werbung durch einen zwingenden Grund des Allgemeininteresses gerechtfertigt und verhältnismäßig sein und sind absolute Werbeverbote unzulässig. Der EuGH hat im Jahre 2011 entschieden, dass das in Frankreich für Wirtschaftsprüfer bestehende Verbot, Kundenakquisehandlungen vorzunehmen, ein absolutes Verbot im Sinne der

---

15 Vgl. EuGH, „Mauri", Slg. 2005, I-01267 ff.
16 Vgl. *Hellwig*, AnwBl 2011, 77, 80.

Richtlinie darstellt und gegen Unionsrecht verstößt[17]. Daraus ergibt sich, dass § 43b BRAO, der dem Rechtsanwalt die Werbung nur erlaubt, wenn sie nicht auf die Erteilung eines Auftrags im Einzelfall gerichtet ist, ebenfalls unionsrechtswidrig ist und deshalb nicht angewendet werden darf[18].

3. Gebühren

Im Bereich der verbindlichen Gebührenregelungen ist besonders umstritten das Thema nationale Mindest- und Höchstgebühren. Einschlägige Richtlinienbestimmungen fehlen, es gibt allerdings drei Entscheidungen des EuGH[19]. Von diesen betraf die Entscheidung *Arduino* von 2002[20] die Frage, ob die italienische Gebührenordnung gegen die Freiheit des Wettbewerbs nach dem damaligen Art. 85 EGV verstieß, weil sie von der italienischen Anwaltsorganisation – rechtlich als Unternehmensvereinigung anzusehen – erlassen worden war, oder ob es sich rechtlich letztlich um eine staatliche Gebührenordnung handelte, weil die Gebührenordnung vom italienischen Staat genehmigt worden war. Der EuGH hat entschieden, dass es sich angesichts der staatlichen Regelungsvorgaben und der umfassenden Überprüfung der getroffenen Regelung durch den Staat wettbewerbsrechtlich um eine staatliche Gebührenordnung handelte. Der EuGH hat sich nur zu der Frage geäußert, wem die Gebührenordnung zuzurechnen war, nicht wie ihr Inhalt unionsrechtlich zu beurteilen ist.

Mit dieser Frage hat sich der EuGH in seinem Urteil von 2006 in den beiden verbundenen Verfahren *Cipolla* und *Meloni* befasst[21]. Er hat festgestellt, dass Mindestgebühren den freien Dienstleistungsverkehr über die Grenze beschränken, aber aus Gründen der ordnungsgemäßen Rechtspflege und des Verbraucherschutzes gerechtfertigt sein können, wenn sie tatsächlich die Qualität der anwaltlichen Dienstleistung sichern. Für die Klärung dieser Sachverhaltsfrage durch die vorlegenden Gerichte hat der EuGH äußerst strenge „Segelanweisungen" erlassen.

– Es muss nachgewiesen werden, dass tatsächlich eine Wechselbeziehung zwischen Honorarhöhe und Qualität der anwaltlichen Dienstleistung besteht und die Festsetzung von Mindestgebühren geeignet ist, den Schutz der Verbraucher und der geordneten Rechtspflege tatsächlich zu erreichen.

– Bei der Prüfung dieser Frage sind die gegenteiligen Aussagen im Wettbewerbsbericht der Kommission zu berücksichtigen. Den hier vom EuGH geforderten Nachweis der Qualitätssicherung hat die Anwaltschaft bisher in keinem einzigen Land in Europa führen können. Er

---

17 EuGH, AnwBl 2011, 492 ff. mit Anm. *Hellwig*.
18 Vgl. *Hellwig*, AnwBl 2011, 77, 80.
19 Vgl. im Einzelnen *Hellwig*, Höchst- und Mindestgebühren für Anwälte im Fokus des EuGH, AnwBl 2011, 476 ff.
20 EuGH, Slg. 2006, I-11421.
21 EuGH, AnwBl 2007, 149.

dürfte in Deutschland schon deshalb kaum zu führen sein, weil dort die anwaltlichen Beratungsgebühren durch das Rechtsanwaltsvergütungsgesetz im Jahre 2004 insgesamt freigegeben wurden, ohne dass dies zu Qualitätsmängeln geführt hat.

– Des Weiteren muss laut EuGH mit Blick auf das Erfordernis der Verhältnismäßigkeit geprüft werden, ob das anwaltliche Berufs- und Standesrecht sowie die Kontrolle und die Haftung der Anwälte nicht ausreichen, um die angestrebten Ziele des Verbraucherschutzes und der geordneten Rechtspflege zu erreichen. Diese Forderung des EuGH ist für die Anwaltschaft gefährlich: Entweder sind Mindestgebühren nicht erforderlich; oder sie sind erforderlich, dann stellt sich aber die Frage nach der Geeignetheit/Erforderlichkeit des anwaltlichen Berufs- und Standesrechts, der disziplinarischen Kontrolle und der anwaltlichen Haftung. Hier hat der EuGH der Anwaltschaft eine „Zwickmühle" aufgestellt.

Die Ausgangsverfahren *Cipolla* und *Meloni* haben zu diesen Fragen keine Klärung gebracht. Beide Verfahren sind ohne Gerichtsentscheidung beendet worden, nachdem in Italien für alle freien Berufe sämtliche Mindest- und Höchstgebühren aufgehoben worden waren. Das entsprechende italienische Gesetz vom 4.7.2006 verweist zur Begründung ausdrücklich auf die gemeinschaftsrechtlichen Grundsätze des freien Wettbewerbs und des freien Personen- und Dienstleistungsverkehrs.

Die Entscheidung *Arduino* erging in einem wettbewerbsrechtlichen Vorlageverfahren, ebenso die Entscheidung in den Rechtssachen *Cipolla* und *Meloni*. Die dritte Entscheidung des EuGH im Fall *Kommission/Italien* im Jahre 2011 erging in einem Vertragsverletzungsverfahren.[22] Die Kommission sah in den gegenüber *Cipolla* und *Meloni* unveränderten Höchstgebührenregelungen der italienischen Gebührenordnung, die im Anschluss an *Arduino* als staatliche Gebührenordnung angesehen wurde, eine unzulässige Beschränkung der Dienstleistungs- und Niederlassungsfreiheit. Der EuGH ist dem nicht gefolgt, denn die Gebührenordnung sah zahlreiche Möglichkeiten einer umfangreichen Abweichung von den Höchstgebühren vor und vor allem den unbedingten Vorrang einer Mandatsvereinbarung, für die es keinerlei Mindest- oder Höchstvorgaben gab. So gesehen hat der EuGH weniger über die italienischen Höchstgebühren als vielmehr über die zahlreichen Ausnahmen entschieden.

Nach allem sehe ich nicht, wie die deutschen Mindest- und Höchstgebühren für die Tätigkeit vor Gericht unionsrechtlich vor dem EuGH Bestand haben können. Vor allem ist das deutsche Gebührenrecht durch die Dienstleistungsrichtlinie von 2006 in die Defensive gedrängt worden, denn wenn ein europäischer Anwalt aus einem anderen Mitgliedsstaat auf der Grundlage seines herkunftsstaatlichen Gebührenrechts ohne Mindest- und Höchstgebühren in Deutschland vorübergehend dienstleistend tätig ist, dann ist es Deutschland von vornherein verwehrt, dem

---

22 EuGH, AnwBl 2011, 401.

mit dem Argument der Qualitätssicherung Belange der Rechtspflege und des Verbraucherschutzes entgegenzuhalten, mit denen das deutsche Gebührenrecht seine Mindest- und Höchstgebühren rechtfertigt[23].

4. MDPs

Des Weiteren sind im Fokus der Kommission die nationalen Regeln über interprofessionelle Zusammenschlüsse (Multidisciplinary Partnerships, MDP). § 59a BRAO enthält insoweit eine Verbotsregelung mit Ausnahmevorbehalt zugunsten der Angehörigen einiger weniger anderer Berufe, insbesondere Wirtschaftsprüfer und Steuerberater[24]. Es handelt sich um Berufe, die ebenfalls verkammert sind und einem in wichtigen Punkten vergleichbaren Berufsrecht unterliegen. Der Regierungsentwurf des Rechtsdienstleistungsgesetzes (RDG) von 2006 hatte aus europa- und verfassungsrechtlichen Gründen vorgeschlagen, den Bereich der Ausnahme von dem Verbot des § 59a BRAO in Richtung alle „vereinbare Berufe" zu erweitern, doch scheiterte dies im Gesetzgebungsverfahren[25]. Art. 25 der allgemeinen Dienstleistungsrichtlinie von 2006 betreffend „multidisziplinäre Tätigkeiten" erklärt – im Gegensatz zu Art. 24 betreffend die Werbung – absolute Verbote nicht für per se unzulässig, lässt aber im Bereich der reglementierten Berufe nur solche Anforderungen (d.h. Verbote oder Beschränkungen) zu, die gerechtfertigt sind, um die Einhaltung der verschiedenen Standesregeln im Hinblick auf die Besonderheiten der jeweiligen Berufe sicherzustellen und, soweit dies nötig ist, um ihre Unabhängigkeit und Unparteilichkeit zu gewährleisten. Darin liegt eine Verschärfung der Rechtfertigungsanforderungen, wie sie sich aus den primärrechtlichen Grundfreiheiten ergeben. Meiner Meinung nach ist § 59a BRAO, wie er allseits ausgelegt wird, nämlich als Verbot mit Ausnahmevorbehalt, wegen Verstoßes gegen das Verhältnismäßigkeitsverbot unionsrechtswidrig. Die Einhaltung des anwaltlichen Berufsrechts und die Sicherung der anwaltlichen Unabhängigkeit und Unparteilichkeit lässt sich als minderbeschränkende Regelung auch dadurch erreichen, dass das anwaltliche Berufsrecht auf die Fremdberufler erstreckt wird und vielleicht zusätzlich prozentuale Obergrenzen für die Fremdberufler eingeführt werden. Das derzeit geltende grundsätzliche Verbot ist demgegenüber m.E. eine Übermaßregelung[26].

Bei dem Thema MDP wird in der Diskussion häufig auf die Entscheidung *Wouters* des EuGH von 2002 verwiesen, in der der EuGH das im niederländischen verbandlichen Anwaltsberufsrecht enthaltene Verbot der Assoziierung mit einem Wirtschaftsprüfer mit Blick auf die Freiheit des Wettbewerbs nicht beanstandet hat[27]. Entscheidender Grund war für den EuGH, dass das Berufsrecht der Wirtschaftsprüfer zahlreiche Melde-

---

23 Vgl. *Hellwig*, AnwBl 2011, 476, 479 ff.
24 Vgl. *Hartung* in: Henssler/Prütting, BRAO, 3. Aufl. 2010, § 59a Rz. 28.
25 Vgl. *Hartung* in: Henssler/Prütting, BRAO, 3. Aufl. 2010, § 59a Rz. 30.
26 Vgl. *Hellwig*, AnwBl 2011, 77, 79 f.
27 EuGH, AnwBl 2002, 234.

pflichten vorsah, mit denen die anwaltliche Verschwiegenheitspflicht unvereinbar war. Weil das auf der Kammerebene angesiedelte anwaltliche Berufsrecht die gesetzlichen Meldepflichten der Wirtschaftsprüfer nicht beseitigen konnte, blieb der niederländischen Anwaltskammer nur die Möglichkeit, zum Schutz der anwaltlichen Verschwiegenheit den Anwälten den Zusammenschluss mit Wirtschaftsprüfern insgesamt zu verbieten. Die Ausgangslage im Fall *Wouters* war somit eine völlig andere als die bei § 59a BRAO.

Beim gesellschaftsrechtlichen Senat des BGH ist derzeit ein registerrechtliches Rechtsbeschwerdeverfahren anhängig, bei dem es um eine Partnerschaftsgesellschaft zwischen einem Rechtsanwalt und einer Ärztin geht. Die Ärztekammer hatte zugestimmt, die RAK München hatte der Eintragung im Partnerschaftsregister widersprochen, obwohl auch die Ärztin einem verkammerten Beruf angehört und einer noch strengeren Verschwiegenheitspflicht unterliegt. Das Registergericht und das OLG Bamberg als Beschwerdegericht sind beide der RAK München gefolgt[28]. Nach meiner Einschätzung wird der BGH nicht durchentscheiden, sondern dem BVerfG die Frage vorlegen, ob § 59a BRAO verfassungswidrig ist, oder dem EuGH die Frage, ob die Vorschrift gegen Unionsrecht verstößt[29].

5. Fremdbesitz am Kapital

Das Thema Fremdbesitz am Kapital einer Anwaltskanzlei, d.h. die Frage, ob und wie weit die Eigenkapitalbeteiligung von Berufsfremden zulässig oder unzulässig ist, berührt sich mit dem Thema MDP, weil unter den Begriff des Berufsfremden auch Angehörige anderer sozietätsfähiger Berufe fallen.

Der EuGH hat im griechischen Optikerfall[30] das in Griechenland geltende Fremdbesitzverbot bei Optikern wegen Verstoßes gegen das Verhältnismäßigkeitserfordernis „gekippt", denn die von dem Verbot angestrebten Ziele ließen sich auch durch gesetzliche Regelungen auf der betrieblichen Ebene erreichen. Anders im deutschen Apothekerfall *Doc Morris*: Dort hat der EuGH[31] das Fremdbesitzverbot im deutschen Apothekenrecht aus drei Gründen für zulässig erklärt, die m.E. für die Anwaltschaft nicht gelten:

– Die originäre Zuständigkeit für das Apothekenwesen liegt nach Primär- und Sekundärrecht der Union bei den Mitgliedstaaten. Für die Anwaltstätigkeit fehlt es an einer vergleichbaren Regelung.

---

28 OLG Bamberg, RAK-Mitt. 2011, 302 f. mit krit. Anm. *Kilian/Glindemann*.
29 Der BGH hat im Beschluss vom 16.5.2013 ausgeführt, dass er die Vorschrift für verfassungswidrig hält, und die Fragen dem BVerfG vorgelegt (BRAK-Mitt. 2013, 187 ff.).
30 EuGH, „Kommision ./. Griechenland", Slg. 2005, I-3177 ff.
31 EuGH, „Doc Morris", Slg. 2009, I-4171 ff.

– Im Apothekenwesen besteht eine besonders hohe Gefahr für die Verschwendung öffentlicher Finanzmittel. Verglichen damit fällt die staatliche finanzierte anwaltliche Prozesskostenhilfe kaum ins Gewicht.

– Die Volksgesundheit hat unionsrechtlich als Gemeininteresse einen besonders hohen Rang, denn sie ist primärrechtlich abgesichert, während Belange der Rechtspflege und des Verbraucherschutzes erst vom EuGH als zwingende Allgemeininteressen entwickelt und durch die Dienstleistungsrichtlinie von 2006 im Bereich der vorübergehenden Dienstleistung beseitigt worden sind.

Vor diesem Hintergrund ist m.E. mit Blick auf die Anwaltschaft mehr der griechische Optikerfall als der deutsche Apothekerfall einschlägig. Als ich für diese Auffassung auf dem Deutschen Juristentag des Jahres 2010 heftig kritisiert wurde, erklärte der deutsche Richter beim EuGH, *Thomas von Danwitz*, warnend, die Apotheker-Entscheidung sei ein Sonderfall, den man nicht verallgemeinern solle[32].

Was ergibt sich daraus für das deutsche Recht? Ein ausdrückliches Fremdbesitzverbot findet sich nur in § 59e BRAO für die Rechtsanwaltsgesellschaft mit beschränkter Haftung; dieses Verbot ist aus den dargelegten Gründen m.E. unverhältnismäßig und deshalb unionsrechtswidrig. Für die Rechtsanwalts-GbR und für die Rechtsanwaltspartnerschaftsgesellschaft fehlt es – bisher allseits übersehen – bereits nach dem Wortlaut des Gesetzes an einem Verbot des Fremdbesitzes. § 59a BRAO handelt nur vom Zusammenschluss zur gemeinschaftlichen Berufsausübung, nicht aber von der Frage, wer sich als Berufsfremder zu Finanzierungszwecken beteiligen darf. Jedenfalls eine stille eigenkapitalmäßige Beteiligung eines Berufsfremden zu Finanzierungszwecken ist danach bereits vom Wortlaut des Gesetzes nicht erfasst. Eine gegenteilige Auslegung in Richtung eines absoluten Verbotes wäre m.E. ebenfalls unverhältnismäßig und deshalb unionsrechtswidrig.[33]

In England sind inzwischen auf der Grundlage des Legal Services Act von 2007 und der dazu ergangenen Detailregelungen der Solicitors Regulation Authority (SRA) sog. Alternative Business Structures (ABS) gegründet worden, d.h. Anwaltsgesellschaften in einer der Gesellschaftsformen des allgemeinen Gesellschaftsrechts (meist Limited Liability Partnership (LLP) oder Limited Company), die berufsrechtlich einige Besonderheiten aufweisen dürfen (deshalb ABS)[34]. Auch Nichtanwälte dürfen in einer solchen Gesellschaft ihren Beruf ausüben (Aspekt der MDP) oder in der Geschäftsführung der Gesellschaft tätig sein (bisher unionsrechtlich nicht fokussiert) oder als Gesellschafter beteiligt sein (Aspekt des Fremdbesitzes). Die Bundesrechtsanwaltskammer (BRAK) hält es für nach deutschem Recht unzulässig, dass ein deutscher Rechtsanwalt sich an ei-

---

32 Vgl. *Hellwig*, AnwBl, 2011, 77, 80.
33 Vgl. im Einzelnen *Hellwig*, Deutsches Berufsrecht als Bollwerk gegen englische ABS?, AnwBl 2012, 876 ff.
34 Vgl. Fn. 32 und 33.

ner solchen ABS beteiligt oder dass eine solche ABS vorübergehend oder niedergelassen in Deutschland tätig ist[35]. Meiner Meinung nach ist diese Ansicht aus mehreren Gründen des Unionsrechts und des deutschen Rechts unzutreffend[36]. Am Beispiel der ABS zeigt sich einmal mehr, wie sehr die nationalen Berufsrechte einzelner Mitgliedsstaaten dadurch unionsrechtlich und faktisch unter Druck geraten können, dass europäische Anwälte und Anwaltsgesellschaften aus regulierungsliberaleren Mitgliedsstaaten von ihren unionsrechtlichen Grundfreiheiten Gebrauch machen und grenzüberschreitend tätig sind.

IX. Was kommt als Nächstes?

Was kommt demnächst aus Brüssel auf das deutsche Berufsrecht zu? Die Kommission hat von einem Konsortium, bestehend aus dem niederländischen wirtschaftswissenschaftlichen Forschungsunternehmen *Panteia* und der Rechtsfakultät der Universität Maastricht, mit Blick auf alle für die Anwaltstätigkeit relevanten Richtlinien eine Evaluierungsstudie fertigen lassen. Die Studie liegt der Kommission seit Ende 2012 vor. Des Weiteren will die Kommission mit Blick auf die Anwaltschaft, aber auch auf Wirtschaftsprüfer, Steuerberater, Architekten und andere freie Berufe eine besondere Studie in Auftrag geben, bei der es um Rechtsformen und Regelungen über die Beteiligung am Kapital geht.[37] Nach meiner Einschätzung wird die Kommission im Verlauf des Jahres 2014 wissen lassen, in welche Richtung ihre Reformüberlegungen gehen.

X. Sonderproblem Syndikusanwalt

Abschließend soll noch auf ein in Deutschland umstrittenes Thema eingegangen werden, für das das Unionsrecht nicht unmittelbar einschlägig, aber doch von einer gewissen Relevanz ist – die Rechtsstellung des Syndikusanwalts. Zu diesem Thema gibt es, vereinfacht formuliert, in Europa drei Systeme. In einigen Ländern (etwa England und Spanien) hat der Syndikusanwalt auch mit Blick auf die Tätigkeit für seinen Arbeitgeber alle Rechte und Pflichten eines Rechtsanwalts einschließlich des Schutzes der anwaltlichen Vertraulichkeit. In anderen Ländern (z.B. Italien) darf ein Anwalt überhaupt nicht im Anstellungsverhältnis bei einem Nichtanwalt tätig sein, die Syndikusanwaltschaft ist also unzulässig. Daneben gibt es eine dritte Gruppe von Ländern, bei denen die Regelung zwischen diesen beiden Extremen liegt. Dazu gehört Deutschland. Hier

---

35 BRAK-Nr. 578/2011 sowie *Keller*, BRAK-Mitt. 2012, 17 ff.; sehr viel vorsichtiger inzwischen *Weil*, Schon wieder Englische ABS, BRAK-Mitt. 2013, 54 ff.

36 Vgl. Fn. 32 und 33.

37 Der Auftrag wurde Anfang 2013 vergeben, ebenfalls an Panteia/Universität Maastricht. Die Studie ist Ende 2013 der Kommission übergeben, aber anders als die in Abschnitt IX genannte erste Studie von Panteia/Universität Maastricht bis zur Drucklegung dieser Vorlesung noch nicht veröffentlicht worden.

ist es nicht grundsätzlich unzulässig, dass ein Rechtsanwalt im Anstellungsverhältnis bei einen nichtanwaltlichen Arbeitgeber tätig ist, die Rechte- und Pflichtenstellung eines Rechtsanwalts und insbesondere den Vertraulichkeitsschutz hat er aber nur mit Blick auf seine sonstigen Mandanten, nicht mit Blick auf seinen Arbeitgeber.

Das Unionsrecht hat keine Kompetenz bezüglich der Rechte- und Pflichtenstellung von Syndikusanwälten auf der Ebene der Mitgliedsstaaten. Es kann aber regeln, ob Syndikusanwälte vor den europäischen Gerichten in Luxemburg im Rahmen des dort geltenden Anwaltszwangs auftreten dürfen und insbesondere mit Blick auf die anwaltliche Verschwiegenheit durch das für „normale" Anwälte geltende Durchsuchungs- und Beschlagnahmeverbot geschützt sind. Diese Frage stellt sich insbesondere in Fällen, in denen die Kommission auf der Grundlage des unionsrechtlichen Wettbewerbsrechts gegen Unternehmen vorgeht. Der EuGH hat im Fall *AM&S*[38] im Jahre 1982 entschieden, dass Syndikusanwälte in solchen Verfahren nicht denselben Vertraulichkeitsschutz genießen wie „normale" Anwälte, wofür er damals von der Syndikusanwaltschaft kritisiert wurde. Er hat diese Auffassung im Jahre 2007 in der Entscheidung *Akzo Nobel*[39] und dann noch einmal in 2011 in der Entscheidung *Puke*[40] bestätigt. Entscheidendes Argument für den EuGH war, dass ein Syndikusanwalt, auch wenn er nach nationalem Recht vollgültiger Rechtsanwalt mit Kammerzugehörigkeit ist, aus der Sicht des Unionsrechts wegen der arbeitsrechtlichen Abhängigkeit nicht dieselbe Unabhängigkeitsgewähr bietet wie ein „normaler" Anwalt. Auch für diese beiden letzten Entscheidungen ist der EuGH kritisiert worden, diesmal nicht nur von den Syndikusanwälten, sondern auch von allen denen, die auf ihrer jeweiligen nationalen Ebene – so auch in Deutschland – das rechtspolitische Ziel verfolgen, die Rechtstellung des Syndikusanwalts im nationalen Recht zu verbessern.

XI. Schlussbemerkung

Die entscheidende Antriebswelle, mit der der Motor Europa die Liberalisierung der nationalen Berufsrechte antreibt, ist letztlich das Primärrecht und dort, weil klare Ausländerdiskriminierungen praktisch nicht vorkommen, vor allem die Dienstleistungs- und die Niederlassungs- sowie die Wettbewerbsfreiheit. Die Antriebswelle Richtlinien ist nur so stark, wie es die Mitgliedsstaaten im europäischen Gesetzgebungsverfahren zugelassen haben. Auf das Gesetzgebungsverhalten der Mitgliedstaaten hatten die jeweiligen nationalen Berufsorganisationen einen großen Einfluss, und dieser Einfluss war, sieht man von der grundsätzlichen Anerkennung der ausländischen Berufsbezeichnung und Tätigkeitsbefugnisse

---

38 EuGH, NJW 1983, 503, 504 ff.
39 EuGH, AnwBl 2010, 796.
40 EuGH, AnwBl 2012, 103.

in den beiden Anwaltsrichtlinien ab, weniger freiheitlich-progressiv als beschränkungs-konservativ. Die ohnehin starke Antriebswelle Primärrecht ist durch die Rechtsprechung des EuGH noch verstärkt worden. Der EuGH geht dabei differenziert vor. Insbesondere in den Fällen *Wouters*, *Arduino* und in dem Vertragsverletzungsverfahren *Kommission/Italien* ist er nicht der regulierungseifrigen Kommission gefolgt, ebenso wie er sich im Falle *Gebhard* gegen eine undifferenzierte, rein quantitative Abgrenzung gewendet hat. Insgesamt ist aber wohl zu sagen, dass der EuGH grundsätzlich eher grundfreiheitenaffin ist, während die Berufsrechte der meisten Mitgliedstaaten tendenziell weiterhin eher zu Beschränkungen neigen.

C. Der „Fall" der Standesrichtlinien

Wie es zu den Bastille-Entscheidungen gekommen ist.

Vorlesung an der Universität Hannover am 22.11.2012

Rechtsanwalt, Fachanwalt für Verwaltungsrecht,
Dr. Michael Kleine-Cosack, Freiburg

Das berufspolitische Verhalten der deutschen Anwaltschaft ist traditionell durch Passivität gekennzeichnet. Sie überlässt die Wahrung ihrer Interessen vor allem den Gerichten. Kompetente Verteidigung und noch weniger entsprechende Initiativen zur Sicherung und Verbesserung des berufspolitischen Status sind in ihrer Geschichte weitgehend unbekannt. Die rechtspolitische Unmündigkeit wird durch ein mehr als gestörtes Verfassungsverständnis ergänzt. Das seit 1949 geltende Grundgesetz mit seinen Grundrechten wie u.a. der Berufs- und Meinungsfreiheit hatte bis zum Jahre 1987 praktisch keine Bedeutung. So blieb auch ohne jede Auswirkung im anwaltlichen Berufsrecht der noch heute grundlegende Facharztbeschluss des BVerfG[1], in dem Grundsätze für die Satzungsautonomie berufsständischer Kammern aufgestellt wurden.

I. Rechtsgrundsätze des Bundesverfassungsgerichts

Berufsständische Satzungen bedürfen danach gemäß dem – in Art. 20 III GG neben dem Vorrang des Gesetzes ebenfalls vorausgesetzten – Vorbehalt des Gesetzes einer ausreichend bestimmten gesetzlichen Grundlage. Wesentliche Regelungen sind dem Parlamentsgesetz vorbehalten; dazu zählt das BVerfG bei Art. 12 I GG neben Normen zur Berufswahl auch die sog. statusbildenden Normen, welche im Bereich der Berufsausübung von grundlegender Bedeutung sind. Sie bejahte das BVerfG bei Facharztregelungen, welche z.B. einen Facharzt auf ein bestimmtes Gebiet beschränken. Es hob eine berufsgerichtliche Entscheidung auf, in der ein Facharzt für Frauenheilkunde verurteilt worden war, nur weil er in einem Notfall auch den Ehemann behandelt hatte. Das war eine schlicht unverhältnismäßige Sanktion.

II. Keine Auswirkungen auf die anwaltlichen Standesrichtlinien

Die Grundsätze dieser grundlegenden Entscheidung des BVerfG blieben bei den Rechtsanwaltskammern und der Ehrengerichtsbarkeit – wie man die Anwaltsgerichtsbarkeit damals noch antiquiert nannte – unberücksichtigt. Hier galt der Grundsatz: „Standesrecht besteht. Verfassungsrecht vergeht." Auch von Seiten der Rechtswissenschaft kamen keinerlei

---

1 BVerfGE 33, 125 ff.

Vorstöße in Richtung auf eine grundrechtskonforme Liberalisierung des Anwaltsrechts. Die Rechtsblindheit resultierte daraus, dass man anstelle eines Satzungsrechts bei Rechtsanwälten, Notaren etc. nur sog. Standesrichtlinien kannte. Solche schriftlich gefasste Standesrichtlinien hatte es nicht immer gegeben. Sie wurden vielmehr erst in den ersten Jahrzehnten des 20. Jahrhunderts aufgestellt. Die erstmalige Ausarbeitung erfolgte bei den Rechtsanwälten durch den Deutschen Anwaltverein, eine zentrale Zusammenfassung eines großen Teils der deutschen Anwaltschaft über die Ländergrenzen hinweg. Dieser überließ die Aufstellung im Wesentlichen Ausschüssen, da man die Frage der Berufsordnung für nicht so dringend hielt im Vergleich zu anderen Berufsproblemen. Die Geringschätzung dieser Aufgabe beruhte wohl auch auf einer Überschätzung des eigenen Potentials an ethischen Grundauffassungen, befand man sich doch in dem Glauben, dass in Richtlinien nur die ohnehin bereits vorhandene „communis opinio" der Anwälte wiederzugeben sei. 1929 wurden die ersten Richtlinien des Deutschen Anwaltvereins veröffentlicht.

Dem Faschismus verdankten Standesrichtlinien der Anwälte ihre nach 1949 beibehaltene Qualifikation und rechtliche Bedeutung. Mit dem Erlaß der Reichsrechtsanwaltsordnung vom 21.12.1936 erhielt erstmals die Reichsrechtsanwaltskammer (RAK) als zentrale berufsständische Organisation in der Rechtsform der Körperschaft des öffentlichen Rechts die Kompetenz, Standesrichtlinien aufzustellen, um der damaligen Zielsetzung gemäß auch auf diesem Wege nationalsozialistisches Gedankengut im Rechtsleben nach Möglichkeit zu verfestigen. Dementsprechend war bereits 1934 die angebliche „communis opinio" – nunmehr faschistischer Prägung – durch die Reichsrechtsanwaltskammer festgestellt worden.

Nach 1949 hat man die Richtlinienkompetenz bei den weiterhin als Körperschaft des öffentlichen Rechts organisierten Rechtsanwaltskammern beibehalten. Kurz nach der Schaffung der Bundesrepublik Deutschland traten die Anwaltskammervorstände der Bundesländer im Jahre 1950 zu einer Arbeitsgemeinschaft zusammen, welche als Vorläufer der heutigen Bundesrechtsanwaltskammer (BRAK) fungierte. Diese betrachtete es als eine ihrer wesentlichen Aufgaben, die Grundsätze des anwaltlichen Standesrechts zu überdenken und zu vereinheitlichen. Der Gesetzgeber stattete dann Ende der 50er Jahre die BRAK mit der aus dem 3. Reich übernommenen Richtlinienkompetenz aus. Entsprechende Regelungen erfolgten bei der Gründung der Kammern für andere rechtsberatende Berufe. Eine kritische Überprüfung von Struktur und Qualifikation der Richtlinien fand – trotz 1957 erfolgter inhaltlicher Säuberung von nationalsozialistischem Gedankengut – nicht statt, obwohl sie dringend geboten war.

III. Sonderrolle der Standesrichtlinien

Das Festhalten an den Standesrichtlinien nach 1945 war aber nicht nur durch ein unverständliches Maß an historischer und verfassungsrechtlicher Blindheit der Rechtswissenschaft, der Judikatur und der Anwaltsorganisationen bestimmt. Es wurde auch dadurch begünstigt, dass man sich rechtswissenschaftlich mit allen nur denkbaren Konstruktionen bemühte, die Sonderrolle der Standesrichtlinien im Vergleich zum Satzungsrecht der Heilberufskammern abzugrenzen. So wurden sie mit einem stupenden pseudowissenschaftlichen Aufwand als „Erkenntnisquelle", oder als „Orientierungshilfe" bezeichnet, welche deklaratorisch die h.A. in der Anwaltschaft wiedergeben sollte.

Sie seien keine Rechtssätze sondern würden nur die „communis opinio" wiedergeben, „was im Einzelfall nach der Auffassung angesehener und erfahrener Standesgenossen der Meinung aller anständig und gerecht denkenden Rechtsanwälte und der Würde des Anwaltsstandes entspricht." Man spürt das Pathos und die Idealisierung des eigenen Berufsbildes. Man glaubte allen Ernstes, auf eine demokratische Rechtssetzung in den Kammern verzichten zu können, da die deutsche Anwaltschaft von einem gemeinsamen Standesethos getragen sei, das die Richtlinien widerspiegelten. Diese Ethosfiktion war schon historisch unhaltbar, hatten doch deutsche Anwälte mit unterschiedlichem Ethos bereits dem Kaiserreich, der Weimarer Republik und vor allem dem Dritten Reich gedient. Wie konnte man sich hier auf ein kontinuierliches Ethos berufen, zumal im Dritten Reich auch noch die Duldung der Vertreibung der Juden aus dem Anwaltsstand und dem Rechtsberatungsmarkt dazu gehörte?!

IV. Einschränkungen ohne ausreichende Rechtsgrundlage

Die Standesrichtlinien wurden ohne ausreichend bestimmte gesetzliche Ermächtigung auf Grund einer Generalermächtigung in § 177 BRAO von der Bundesrechtsanwaltskammer beschlossen. Sie setzt sich zusammen aus den Präsidenten der regionalen Rechtsanwaltskammern. Dabei hatte jede Kammer eine Stimme, und zwar – was mit elementaren Grundsätzen der Wahlrechtsgleichheit nicht zu vereinbaren war – unabhängig von der Kammergröße. So hatte die kleine Kammer der Rechtsanwälte beim BGH das gleiche Stimmgewicht wie große Kammern in München oder Hamm mit mehreren Tausend Rechtsanwälten.

Die Folge dieser Richtlinienpraxis war, dass Rechtsanwälten nahezu alles verboten war. Sie durften nicht werben, wurden bei Kritik an Richtern wegen Verstoß gegen das sog. Sachlichkeitsgebot drastisch mit berufsrechtlichen Sanktionen belegt. Sie durften keine überörtliche Sozietät bilden, kein Versäumnisurteil erlassen, wenn die nicht erschienene Gegenseite durch einen Anwalt vertreten war oder sie waren auch gehindert, ein Erfolgshonorar zu vereinbaren. Die Berufs- und Meinungsfreiheit stand im Berufsrecht der Rechtsanwälte praktisch nur auf dem Papier.

Der Verfasser hatte sich mit der Frage der Satzungsautonomie berufsständischer Kammern aus Anlass der Erstellung einer Dissertation befasst.

Im Rahmen einer Tätigkeit in einem Ausschuss bei der Bundesrechts-anwaltskammer stieß er Anfang der 80er Jahre auf das Phänomen der Standesrichtlinien. Es drängte sich die Frage auf, warum und wieso diese Richtlinien nicht den gleichen Grundsätzen unterlagen wie die satzungs-autonomen Regelungen der Heilberufskammern. Die faschistischen Wurzeln wie auch die verfassungsrechtliche Unhaltbarkeit der Richtlinien am Maßstab des Facharztbeschlusses wurden „aufgedeckt". Ihre Unhaltbarkeit wurde in der Promotion[2] und einem im Anwaltsblatt 1986[3] erschienenen grundlegenden Aufsatz dargelegt.

V. Die Bastille-Beschlüsse

Nach der Veröffentlichung wandte sich ein Kölner Kollege an den Verfasser. Er war von der Rechtsanwaltskammer mit einer Rüge belegt worden. Er hatte einen bekannten Kölner Konkursrichter, mit dem er früher befreundet und mittlerweile zerstritten war, vorgeworfen, er hätte sich in einem Fall für befangen erklären müssen. Der gescholtene Richter wandte sich an die Kammer; diese erließ prompt eine Rüge gegenüber dem Anwalt. Er hätte gegen das Sachlichkeitsgebot in den Standesrichtlinien verstoßen. Das Anwaltsgericht hatte seinen Antrag auf gerichtliche Entscheidung zurückgewiesen. Der Rechtsanwalt beauftragte den Verfasser dann, Verfassungsbeschwerde einzulegen.

Das BVerfG gab dann in den sog. Bastille-Beschlüssen vom 14.7.1987[4] dieser Verfassungsbeschwerde unter Berufung auf die Kritik des Verfassers an den Standesrichtlinien statt.[5] Zugleich wurde eine weitere berufsgerichtliche Entscheidung aufgehoben, in der ein Rechtsanwalt verurteilt worden war wegen angeblichem Verstoß gegen das Sachlichkeitsgebot, weil er ärztliche Gutachter heftig kritisiert hat. In einem weiteren Beschluss vom gleichen Tage wurde eine berufsgerichtliche Entscheidung „kassiert", welche zu Lasten eines Rechtsanwalts ergangen war, dem ein Verstoß gegen das damals noch bestehende nahezu totale Werbeverbot vorgehalten worden war.

Das BVerfG hat entschieden:

„Es wird nicht daran festgehalten, daß die Richtlinien des anwaltlichen Standesrechts als Hilfsmittel zur Auslegung und Konkretisierung der Generalklausel über die anwaltlichen Berufspflichten (§ 43 BRAO) herangezogen werden können. Eine rechtserhebliche Bedeutung kommt den Richtlinien im ehrengerichtlichen Verfahren nur noch für eine Übergangszeit bis zur Neuordnung des anwaltlichen Berufsrechts zu, soweit ihre Heranziehung unerläßlich ist, um die Funktionsfähigkeit der Rechtspflege aufrechtzuerhalten."

---

2 *Kleine-Cosack*, Berufsständische Autonomie und Grundgesetz, 1985.
3 *Kleine-Cosack*, Antiquierte Standesrichtlinien, AnwBl. 1986, 505 ff.
4 BVerfGE 76, 171 ff.
5 Vgl. *Christian Rath*, Kleine-Cosacks Sturm auf die Bastille, AnwBl. 2012, 608 ff.

Damit hatte das BVerfG eindeutig mit seiner Rechtsprechung zu den Standesrichtlinien gebrochen, an der es noch bis wenige Monate vor dieser Entscheidung festgehalten hatte. Vielfach haben Richter nicht den Mut, mit einer klaren Änderung der Rechtsprechung einzuräumen, dass sie mit ihrer bisherigen Judikatur falsch lagen. Sie täuschen Kontinuität vor, obwohl faktisch eine Diskontinuität vorliegt. Bei den Standesrichtlinien war der Bruch so offensichtlich, dass man ihn in Karlsruhe nicht verheimlichen konnte. Es war den Richtern klar geworden, dass die Richtlinien rechtsstaatlich und demokratisch unhaltbar und offensichtlich verfassungswidrig waren.

VI. Rechtliche Umsetzung

Nach der Veröffentlichung der Entscheidungen des Bundesverfassungsgerichts waren die Anwaltskammern, die Ehrengerichtsbarkeit wie auch die Politik wie vor den Kopf geschlagen. Die tradierten Standesrichtlinien hatten sich in ihrem Denken und ihren Entscheidungen so verfestigt, dass sie nur mit Unverständnis auf die Entscheidung des BVerfG reagierten. Es zeigte sich, dass man sich weder historisch noch verfassungsrechtlich mit ihrer Problematik auseinandergesetzt hatte. Unkritisch hatte man an einem tradierten Rechtsinstitut trotz grundlegender verfassungsrechtlicher Änderungen festgehalten.

Anwaltschaft und Gesetzgeber benötigten sage und schreibe sieben Jahre, um die Reformvorgabe des BVerfG umzusetzen. Erst im Jahre 1994 wurde das Berufsrecht der rechts- und steuerberatenden Berufe geändert. Entsprechend den Vorgaben des BVerfG wurde das Wesentliche der Berufspflichten konform dem Facharztbeschluss spezialgesetzlich geregelt; so z.B. in § 43a BRAO. Zugleich wurde eine detailliierte Satzungsermächtigung erlassen in § 59b BRAO. Anstelle der bisher für die Standesrichtlinien zuständigen Bundesrechtsanwaltskammer wurde bei dieser eine Satzungsversammlung gem. §§ 171a ff. BRAO eingerichtet. Hier beschlossen dann in den regionalen Rechtsanwaltskammern gewählte Vertreter im Jahre 1997 ein das Gesetzesrecht der BRAO ergänzendes Satzungsrecht mit der Berufsordnung und einer Fachanwaltsordnung.

VII. Umdenken in der Judikatur

Nach der Entscheidung des Bundesverfassungsgerichts setzte aber auch unabhängig von den Bemühungen auf dem Rechtssetzungssektor im Bereich der Judikatur ein Umdenken ein. Das BVerfG hatte immerhin in seinen zwei Entscheidungen die Beschränkungen der Berufsfreiheit der Rechtsanwälte beanstandet. Sämtliche Restriktionen der Berufsfreiheit waren nunmehr am Maßstab der seit 1949 geltenden Grundrechte zu messen. Hinzu kam der Druck aus Europa. Schließlich war nicht einzusehen, dass nur deutsche Rechtsanwälte starken Restriktionen im Berufsrecht ausgesetzt sein sollten, wohingegen in anderen Ländern wie in England oder den Niederlanden viele Beschränkungen sich nicht als erforderlich erwiesen hatten.

In den Folgejahren nach 1987 erwiesen sich die meisten Verbote für Rechtsanwälte am Maßstab des Art. 12 I GG als unhaltbar. Sie waren nicht erforderlich im Interesse des Gemeinwohls. So setzte sich die Werbefreiheit durch, wurde das Sachlichkeitsgebot auf die §§ 185 ff. StGB beschränkt; es wurden die gesellschaftsrechtlichen Restriktionen abgeschafft, die Rechtsanwalts-GmbH wie auch AG und damit Kapitalgesellschaften wurden gerichtlich anerkannt. Das unhaltbare Verbot des Erfolgshonorars in § 49b II BRAO a.F. fiel 2006 ebenfalls einer Entscheidung des BVerfG zum Opfer.

VIII. Ausblick

Von dem einstigen „Berg an Standesrichtlinien" ist nichts mehr übrig geblieben. Der Rechtsanwaltsberuf hat sich gewerblichen Berufen weitgehend angenähert. Die Satzungsversammlung ist seit vielen Jahren zu einem bedeutungslosen Debattierclub degeneriert. Man muß die Frage stellen, ob man überhaupt noch ein besonderes Berufsrecht der Anwaltschaft braucht. Auch der Fortbestand der Kammern ist in Frage zu stellen. Die These von Verfassungsrichter Gaier, zu lesen auf der Homepage der BRAK:

„Ein effizienter Rechtsstaat ist ohne anwaltliche Selbstverwaltung undenkbar."

kann historisch, politisch wie verfassungsrechtlich nicht überzeugen. Solch ein Satz ist schon eine „kleine Beleidigung" der Schweiz. Dort kommt man ohne Zwangskammern für die Rechtsanwälte aus, ohne dass rechtsstaatliche Defizite bekannt wurden. Verkannt wird aber vor allem, dass die Rechtsanwaltskammern maßgeblich verantwortlich sind für das verfassungsrechtliche und berufspolitische Versagen der deutschen Rechtsanwaltschaft. Sie haben mit Blindheit geschlagen nach 1945 das „faschistische Erbe" der Standesrichtlinien verteidigt und unter Missachtung des Rechtsstaats die Grundrechte ihrer Zwangsmitglieder – wie ihre Schreckensbilanz der letzten 40 Jahre zeigt[6] – „mit Füßen getreten". Nur so ist es zu erklären, dass die Gerichte – vor allem auch das BVerfG – sich so häufig in den letzten Jahrzehnten mit dem Berufsrecht der Rechtsanwälte befassen mussten, um letztlich dem Rechtsstaat auch in den Kammern Geltung zu verschaffen.

---

6 Vgl. die „Horrorbilanz" der Rechtsanwaltskammern bei *Kleine-Cosack*, BRAO, 6. Aufl. 2009, § 177 BRAO Rn. 7 f.

D. Funktion der Rechtsschutzversicherung für den Zugang zum Recht

Vorlesung an der Universität Hannover am 6.12.2012

Rainer Tögel, München

In Kafkas Parabel „Vor dem Gesetz" bittet ein Mann vom Lande um Eintritt in das Gesetz. Der Türhüter verweigert jedoch den Zugang. Der Mann überlegt und fragt dann, ob er also später werde eintreten dürfen. „Es ist möglich", sagt der Türhüter, „jetzt aber nicht." Solche Schwierigkeiten hat der Mann vom Lande nicht erwartet; das Gesetz soll doch jedem und immer zugänglich sein, denkt er. Letztendlich bleibt er erfolglos und stirbt, ohne Zugang zum Gesetz erlangt zu haben.

I. Bedeutung der Rechtsschutzversicherung

Mit einer Rechtsschutzversicherung ausgestattet wäre ihm vielleicht mehr Glück beschieden gewesen. Die Parabel gibt Anlass zur Frage, welche Bedeutung der Rechtsschutzversicherung für den Zugang zum Recht hat. Sie wirft außerdem die Frage auf welche Rolle die Rechtsschutzversicherung im Konzert der übrigen Akteure am Rechtsmarkt, insbesondere Anwaltschaft, aber auch Justiz und Fiskus einnimmt.

1. Bedeutung für Rechtsuchende[1]

Im Blickpunkt steht der Rechtsuchende. Sein Zugang zum Recht wird zum einen durch finanzielle Hürden erschwert. Immer weniger Bürger können oder wollen sich ein teures Gerichtsverfahren leisten[2]. (Diese Hürden werden im Übrigen in Kürze noch höher werden. Das geplante zweite „Kostenmodernisierungsgesetz" sieht eine kräftige Anhebung der Anwaltsgebühren und der Gerichtgebühren vor[3]). Hier dient die Rechtsschutzversicherung in ihrer klassischen Rolle als Finanzier, d.h. als Kostenerstatter[4]. Von ebenfalls großer Bedeutung ist aber auch ein anderer Aspekt. Der Rechtsuchende braucht zunächst oft Hilfe bei der Frage, welche Dienstleistung für ihn hilfreich und erforderlich ist. Hier kann

---

1 *Armbrüster*, Zugang zum Recht durch Rechtsschutzversicherungen, in: NJW-Sonderheft 4. Hannoveraner ZPO-Symposion 2007, 32 ff.
2 *Schons*, AnwBl 12/2012 weist in diesem Zusammenhang auch auf den Rückgang der Gerichtsverfahren seit 2004 hin.
3 Vgl. *Kleine-Cosack*, RDG Anhang §§ 1–5 Rz. 151 zum entsprechenden Effekt in Folge des RVG.
4 Die Bedeutung der Rechtsschutzversicherung für den Zugang zum Recht anerkennt auch *Kindermann*, AnwBl 2012, 223, 224.

36

der Rechtsschutzversicherer eine Funktion als Lotse und Scharnier übernehmen, auf die noch näher einzugehen sein wird.

Eine aktuelle Untersuchung kommt zu dem Ergebnis, dass 35 % aller Rechtsuchenden in Deutschland Rechtsrat über ihre Rechtsschutzversicherung finanzieren. Die Verbreitung ist in Deutschland traditionell sehr hoch, er gesamte Vertragsbestand liegt bei ca. 20 Millionen Rechtsschutzversicherungsverträgen[5].

2. Bedeutung für die Justiz

Eine gut funktionierende Rechtsschutzversicherungsmarkt hat für den Fiskus erhebliche Bedeutung: Es besteht eine verfassungsmäßige Verpflichtung des Staates, seinen Bürgern bei Bedarf durch staatliche Prozesskostenhilfe Zugang zum Recht zu ermöglichen. Eine – eintrittspflichtige – Rechtsschutzversicherung ist ein „vorrangig einzusetzender Vermögenswert" im Sinne von § 114 ZPO. Eine Rechtsschutzversicherung entlastet daher direkt den Prozesskostenetat[6]. Im Schnitt investierte im Jahr 2008 jeder Deutsche statistisch 38, 92 Euro für eine Rechtsschutzversicherung, während die staatliche Kostenhilfe pro Kopf im selben Zeitraum lediglich 7,18 Euro betrug. In den meisten anderen Ländern ist das Verhältnis genau umgekehrt. Die staatlichen Hilfen sind dort prozentual höher, während die Marktdurchdringung durch Rechtsschutzprodukte wesentlich geringer ist. In diesem Zusammenhang sei der Hinweis erlaubt, dass das Mantra von den Rechtsschutzversicherern als Kostentreibern und Verführern zum unnötigen Streiten und Prozessieren auch nach den neuesten empirischen Ergebnissen als widerlegt gelten dürfte[7].

3. Funktion für den Anwaltsmarkt

Als „Anwalts Liebling" finanziert die Rechtsschutzversicherung verlässlich Anwaltshonorare in ganz erheblichem Umfang. Gleichwohl besteht ein gewisses Spannungsverhältnis zur Rechtsanwaltschaft. Diese sitzt zwar sprichwörtlich „im gleichen Boot"[8]. Dennoch werden Rechtsschutzversicherer von der Anwaltschaft zunehmend als unerwünschte Konkurrenz und Bedrohung wahrgenommen, man fürchtet unliebsame

---

5 Zum Rechtsschutzversicherungsmarkt in Deutschland *Kilian/Terriuolo*, AnwBl 2012, 226.

6 Darüber hinaus biete die Rechtsschutzversicherung gegenüber der Prozesskostenhilfe deutlich mehr: Sie kommt nicht nur für die eigenen, sondern auch für die gegnerischen Rechtsverfolgungskosten auf und gilt auch im außergerichtlichen Bereich.

7 Ausführlich *Hommerich/Kilian*, 65 ff.; *Jagodzinski/Reiser/Riehl*, Rechtsschutzversicherung und Rechtsverfolgung 1994, 141 f.; *Harbauer*, ARB 75, vor § 1 Rz. 54; *van Bühren*, NJW 2007, 3606.

8 So *Kindermann*, AnwBl 2012, 223, 225.

und unzulässige Einflussnahme[9]. Wenn aktuell 160 000 zugelassene Anwälte einem harten Wettbewerbsdruck ausgesetzt sind, ist dies jedoch nur zu einem geringen Teil auf veränderte Geschäftsmodelle der Rechtsschutzversicherer zurückzuführen[10].

a) Zahlen und Fakten

Die Rechtsschutzversicherer zahlen ein Honorarvolumen von über 2 Milliarden EURO an die Anwaltschaft aus. Dies entspricht ca. 20 % des gesamten Honoraraufkommens der Anwaltschaft[11]. Lediglich 3 % aller Rechtsanwälte bearbeiten überhaupt keine rechtsschutzversicherten Mandate[12]. Im Schnitt beträgt der Anteil rechtsschutzversicherter Mandate 31 %, wobei der Anteil bei kleineren Kanzleien, größer ist, als bei großen Kanzleien[13].

b) Rechtsschutzversicherung als Weichensteller

In vielen Fällen wenden sich Kunden mit einem rechtlichen Problem oder rechtlichen Fragen direkt an Ihren Versicherer. Dies ist schon deshalb sinnvoll, weil die Versicherungsbedingungen die Obliegenheit formulieren, einen Versicherungsfall unverzüglich anzuzeigen. Unabhängig davon hat der Kunde in dieser Situation aber auch Bedürfnisse. Zum einen möchte er wissen, ob Versicherungsschutz besteht. Er möchte in vielen Fällen in diesem Moment bereits Unterstützung. Diese kann in der Vermittlung einer ersten rechtliche Einschätzung bestehen. Es ist in vielen Fällen aber auch die Frage, wie er weiter vorgehen soll, ob er einen Anwalt benötigt, wenn ja, welchen und ob es eine Empfehlung gibt. Der Rechtsschutzversicherer – der selbst keinen Rechtsrat erteilen darf – hat hier eine Scharnier- oder Lotsenfunktion. Die Versicherer nehmen für sich in Anspruch, ihren Kunden nicht nur jede Form bedarfsgerechter Rechtsdienstleistung zur Verfügung zu stellen, sondern auch bei der Auswahl der konkret geeigneten Leistung und des konkret geeigneten Dienstleisters unterstützend zur Seite zu stehen[14]. Dies schließt eine vertrauensvolle Zusammenarbeit mit der Rechtsanwaltschaft selbstredend ein, denn die Finanzierung von anwaltlicher Vertretung ist und bleibt das zentrale Leistungsversprechen eines jeden Rechtsschutzversicherers.

---

9 Vgl. den Beitrag von *Schons*, AnwBl 2010, 861 unter dem Titel: Rechtsschutzversicherer – Partner, Kontrolleur oder des Anwalts Konkurrent?; *Kleine-Cosack*, RDG II Rn. 45 spricht von „apokalyptischen" Vorstellungen auf Seiten der Anwaltschaft.

10 *Eberhardt*, Berliner Anwaltsblatt 8/2012.

11 *Hommerich/Kilian*, Rechtsschutzversicherungen und Anwaltschaft, 90.

12 *Hommerich/Kilian*, Rechtsschutzversicherungen und Anwaltschaft, 86.

13 *Hommerich/Kilian*, Rechtsschutzversicherungen und Anwaltschaft, 87.

14 Vgl. *Eberhardt*, in: Handelsblatt v. 26.7.2012, 49.

In vielen Fällen endet der Erstkontakt mit dem Kunden damit, dass der Versicherer einen aus seiner Sicht geeigneten Rechtsanwalt empfiehlt[15]. Dem Rechtsuchenden erleichtert dies die Anwaltssuche, die sich mangels ausreichender Spezialisierung und fehlenden Informationen oftmals schwierig gestaltet[16]. Zunehmend kann dies aber auch bedeuten, dass der Versicherer dem Kunden zur Ersteinschätzung eine telefonische, anwaltliche Rechtsberatung vermittelt, oder ihn beispielsweise auf die Möglichkeit hinweist, es mit einer Mediation zu versuchen. Dazu später noch mehr.

c) Freie Anwaltswahl

Die Funktion der Rechtsschutzversicherung als „Lotse" im Rechtsmarkt steht in einem Spannungsverhältnis zum Recht auf freie Anwaltswahl. In letzter Zeit ist es geradezu zu einem Reizthema geworden. An dieser Stelle sind zu dieser komplexen Materie nur einige Anmerkungen möglich.

Das Recht auf freie Anwaltswahl ist in § 127 VVG sehr umfassend geregelt. Deutschland ist mit dieser Regelung weit über die Anforderungen hinausgegangen, die in der EU-Richtlinie zur Rechtsschutzversicherung normiert sind und die sich auf gerichtliche Verfahren und Verwaltungsverfahren beschränkt.

Der EuGH hat in jüngerer Vergangenheit zweimal zu Fragen der freien Anwaltswahl Stellung genommen, ein weiters Verfahren ist anhängig.

In der Rechtssache *Eschig*[17] ging es um die Frage, ob für Sammelklagen das Recht auf freie Anwaltswahl in den Versicherungsbedingungen dahingehend einzuschränken ist, dass mehrere Kläger einen gemeinsamen Anwalt beauftragen müssen, bzw. nur für einen gemeinsamen Kläger Kosten erstattet werden. Eine Regelung, deren wirtschaftlich vernünftiger Hintergrund im Übrigen auf der Hand liegen dürfte. Der EuGH hielt die entsprechende Regelung der österreichischen Rechtsschutzversicherer für unzulässig, da die Regelung gegen die EU-Rechtsschutzrichtlinie verstoße. Die Entscheidung betrifft allerdings nur gerichtliche Verfahren. Die Kommission war im Vorfeld von der Zulässigkeit der sog. „Massenschadensklausel" ausgegangen und hatte unter anderem klargestellt, dass die Richtlinie keinen absoluten Anspruch auf freie Anwaltswahl vorsähe. Es lohnt, sich die praktischen Auswirkungen einer solchen Entscheidung auf den Versicherungsmarkt vor Augen zu führen: Im Ergebnis werden gerade kostenintensive Kapitalanlageverfahren, um die es vorliegend in erster Linie ging, von Rechtsschutzversicherer in ihren Bedingungen komplett ausgeschlossen werden.

---

15 Zur Zulässigkeit dieser Empfehlung *Armbrüster*, AnwBl 2012, 219. Dieser weist auch darauf hin, dass unter bestimmten Bedingungen sogar die Verpflichtung zur Auswahl eines Anwalts durch den Versicherer besteht.

16 *Kleine-Cosack*, RDG Anhang §§ 1–5, Rz. 141.

17 Rechtssache C-199/08.

In einem weiteren Verfahren hat der EuGH möglich Grenzen der freien Anwaltswahl aufgezeigt. Auch dieser Fall beschäftigte sich mit Regelungen in den Bedingungen eines österreichischen Rechtsschutzversicherers. Danach wird die Kostenerstattung auf einen Rechtsanwalt beschränkt, der im Gerichtsbezirk des Kunden ansässig ist. Wählt der Kunde einen anderen Anwalt, kann er jedenfalls nicht verlangen, dass die darauf zusätzlich anfallenden Kosten erstattet werden. Der EuGH hat dies im Ergebnis nicht beanstandet und konnte keinen Verstoß gegen das Recht auf freie Anwaltswahl feststellen.

Aktuell hat der EuGH erneut über die Reichweite der freien Anwaltswahl entschieden. Der oberste niederländische Gerichtshof hatte eine Vorlagefrage an den EuGH gerichtet, die sich mit der Zulässigkeit von Regelungen in den Versicherungsbedingungen beschäftigte, welche die Anwaltswahl betreffen. In den Niederlanden regulieren Rechtsschutzversicherer den überwiegenden Anteil von Schadensfällen selbst, d.h. durch angestellte Juristen[18]. Sie nehmen für sich in Anspruch zu beurteilen, in welchen Fällen die Beauftragung eines externen Anwalts erforderlich ist. Nur in diesen Fällen greift dann das Recht auf freie Anwaltswahl. Der EuGH hat entschieden, diese Praxis sei mit dem Grundsatz des Rechts auf freie Anwaltswahl, wie er in der EU-Rechtsschutzrichtlinie normiert ist, nicht in Einklang zu bringen[19]. Dieses Urteil wird mit Sicherheit einen erheblichen Anstieg der Ausgaben und damit auch der Prämien zur Folge haben. Der niederländische oberste Gerichtshof hatte die Vorlage beim EuGH daher auch damit begründet, dass „evidente soziale Interessen" berührt seien. Es geht – einmal mehr – um den Zugang zum Recht.

National befand sich das Thema ebenfalls auf dem Prüfstand. Der Bundesgerichtshof hat über eine Klage entschieden, die eine Rechtsanwaltskammer gegen einen deutschen Rechtsschutzversicherer angestrengt hatte. Verkürzt ging es darum, dass der Kunde nach den Bedingungen des Rechtsschutzversicherers gewisse Vergünstigungen erfährt, wenn er im Schadensfall der Anwaltsempfehlung seines Rechtsschutzversicherers folgt. Dies wirkt sich positiv auf die Möglichkeit aus, im Wege eines Schadensfreiheitsrabatts eine vereinbarte Selbstbeteiligung zu ersparen. In der ersten Instanz obsiegte der Versicherer. Das Oberlandesgericht Bamberg entschied im Sinne der Rechtsanwaltskammer und erklärte die entsprechende Klausel wegen Verstoßes gegen das Recht auf freie Anwaltswahl in § 127 VVG für unzulässig. Der Bundesgerichtshof hat nun im Sinne des Rechtsschutzversicherers entschieden[20]. Die freie Anwaltswahl stehe finanziellen Anreizen eines Versicherers in Bezug auf eine Anwaltsempfehlung nicht entgegen, wenn die Entscheidung über die Auswahl des Rechtsanwalts beim Versicherungsnehmer liege und die Grenze unzulässigen psychischen Drucks nicht überschritten werde.

---

18 In den Niederlanden entfallen insgesamt nur ca. 33 % des Rechtsberatungsmarktes auf die Anwaltschaft, *Kleine-Cosack*, RDG II Rn. 45.
19 Rechtssache Sneller, C-442/12 v. 7.11.2013.
20 BGH v. 4.12.2013, IV ZR 215/12.

Die Entscheidung des Bundesgerichtshofs wurde auch deshalb mit Spannung erwartet, weil es bislang nur wenige fundierte Auseinandersetzungen zu diesem Thema gibt. *Armbrüster* hatte die Entscheidung des Oberlandesgerichts kritisiert und sah das Recht auf freie Anwaltswahl nicht als beeinträchtigt an[21]. Die EU- Richtlinie sehe eine derart weitgehende, absolute Garantie der Wahlfreiheit nicht vor. Seines Erachtens ist bei mittelbaren Beeinträchtigungen erst dann von einem Verstoß auszugehen, wenn eine weitgehende Aushöhlung vorliegt. Dies sei aber bei dem fraglichen Modell nicht der Fall.

Auch Verbraucherschützer haben sich im Hinblick auf die von den Rechtsschutzversicherern praktizierten Modelle zustimmend geäußert[22]. Der Kunde profitiere von erweiterten Wahlmöglichkeiten[23]. In diesem Zusammenhang muss man sich klarmachen, dass die Schadenskosten durch ein starres Rechtsberatungsmonopol und den Wegfall von Steuerungsmöglichkeiten steigen. Dies wirkt sich unmittelbar auf die Prämienhöhe aus und damit letztlich auf den Zugang zum Recht. Der Verbraucher befindet sich in einem wirtschaftlichen Umfeld voller Anreizsysteme, mit denen er in der Regel umzugehen weiß. Die Frage, ab wann ein wirtschaftlicher Anreiz einen Kunden so beeinflusst, dass von einer freien Wahl des Anwalts nicht mehr gesprochen werden kann, wurde bislang nicht beantwortet[24].

d) Kooperationsabkommen

Ein weiterer Zankapfel zwischen den Versicherern und Teilen der Anwaltschaft ist die Frage der Zulässigkeit von sog. Kooperationsabkommen[25]. Zur Erläuterung: Rechtsschutzversicherer arbeiten heute durchgängig mit Netzwerken von Kanzleien, bzw. unterhalten zu bestimmten Kanzleien engere Verbindungen. Der Vorwurf der Anwaltschaft lautet vereinfacht: Kanzleien, die regelmäßig mit Rechtsschutzversicherern zusammenarbeiten machten sich abhängig. Sie berieten den Kunden nicht unabhängig und würden im Zweifel im Interesse der Versicherer von der Rechtsverfolgung abraten. Außerdem würden in unzulässiger Weise die gesetzlichen Gebühren unterschritten.

Naturgemäß sehen die Rechtsschutzversicherer dies ganz anders. Ihre Argumente lauten zumeist: Der Rechtsanwalt ist als unabhängiges Organ der Rechtspflege nur den Interessen seines Mandanten verpflichtet. Der

---

21 *Armbrüster*, Freie Anwaltswahl für rechtsschutzversicherte Mandanten in Deutschland? Rechtliche Bewertung von Empfehlungen, Selbstbehalten und gespaltenen Tarifen, AnwBl 2012, 218–220.
22 *Trittmacher/Köster*, VuR 5/2012, 165.
23 Kritisch zum Urteil des OLG Bamberg auch die FAZ v. 21.6.2012: Echte Wahlfreiheit des Kunden müsse die Möglichkeit beinhalten, auch über die Reichweite der freien Anwaltswahl im Produkt zu entscheiden.
24 *Eberhardt*, Berliner Anwaltsblatt 7–8/2012, 1 (2).
25 Vgl. *Kilian*, AnwBl 2012, 209, der Rationalisierungsabkommen als berufsrechtlich wenig problematisch einstuft.

Versicherer nimmt keinerlei Einfluss auf die Mandatsbearbeitung. Auftraggeber ist immer der Kunde als Mandat. Nur der Kunde/Mandant ist Herr des Verfahrens, der Anwalt ist nur dem Kunden/Mandanten gegenüber verpflichtet. Natürlich ist auch der Rechtsanwalt als Unternehmer daran interessiert, neue Mandate zu erhalten und damit sein Einkommen zu sichern, dies ist legitim. Darüber hinaus tritt durch die gemeinsame Festlegung von Rahmenbedingungen ein Rationalisierungseffekt ein, der sich im Kanzleiablauf positiv auswirkt. Dazu gehört z.B. auch die Möglichkeit, die Kommunikation mit Versicherern in elektronischer Form abzuwickeln, Deckungsanfragen genormt und teilweise automatisiert einzureichen und die Abrechnung durch die Einigung auf Standards im Bereich der Rahmengebühren stark zu vereinfachen und zu beschleunigen. Rechtsschutzversicherer sind daran interessiert mit hochqualifizierten und modernen Kanzleien zusammenzuarbeiten. Die HUK Coburg, die dazu übergegangen ist, Mustergebührenvereinbarungen offenzulegen, beschreibt das Anliegen der Versicherer wie folgt:

„Die geschlossenen Vereinbarungen dienen dem gemeinsamen Interesse des Versicherers, der Kunden und der jeweiligen Kanzlei an einer qualitativ hochwertigen, effizienten und gleichzeitig kundenorientierten Mandatsbearbeitung und folgen der gemeinsamen Überzeugung, dass Qualität die oberste Maxime bei der Bearbeitung von Mandaten darstellt"[26].

Interessant scheint, dass sich bei dieser Frage ein gewisse Kluft innerhalb der Anwaltschaft auftut: Denn die oben skizzierten Vorwürfe treffen ja in erster Linie die eigene Zunft in Person der Rechtsanwälte, die mit Rechtsschutzversicherern kooperieren[27]. Ulrich Eberhardt, Vorstand der HUK-Coburg, kritisiert, dass Kanzleien derzeit „indirekt und subtil, allerdings völlig zu Unrecht aus dem eigenen Berufsstand heraus diskreditiert" würden. Vorgeworfen wird ein Ausverkauf von Mandanteninteressen, im Hinblick auf den Vorwurf einer Gebührenunterschreitung eventuell sogar auf standeswidriges Verhalten. Der Konflikt hat tiefergehende Ursachen: Der zunehmend härtere Wettbewerb innerhalb der Anwaltschaft durch die sprunghaft angestiegene Zahl von Berufsträgern und die geänderten Anforderungen des Marktes schüren bei der Teilen der Anwaltschaft Ängste.

e) Qualitätssicherung

Der Aspekt der Qualitätssicherung spielt – vor allem im Zusammenhang mit dem Thema Verbraucherschutzes -in vielen Bereichen des Wirtschaftslebens eine immer größere Rolle. Auch der Markt der Rechtsdienstleistungen muss sich im Interesse der Verbraucher mit Qualitätsaspekten befassen.

Die Zahl der zugelassenen Rechtsanwälte hat sich in den letzten 30 Jahren vervielfacht. Und auch wenn die Qualität der juristischen Ausbil-

---

26 http://lawyerslife.de/?p=934 (Stand: 20.12.2013).
27 Nach Schätzungen ca. 10 % des Anwaltsmarktes, wenn man Syndici und Großkanzleien herausrechnet, vgl. *Eberhardt*, Berliner Anwaltsblatt 7–8/2012, 1 (3).

dung in Deutschland insgesamt sicherlich relativ hoch ist, gibt es selbstverständlich qualitative Unterschiede innerhalb der Anwaltschaft. Der Anwaltsmarkt ist einerseits zahlenmäßig überbesetzt, andererseits im Hinblick auf die Qualität inhomogen[28]. Wie geht die Anwaltschaft damit um? Die Antwortet lautet: Bislang eher passiv, bzw. defensiv. Zu Recht wurde darauf hingewiesen, dass etwa die Spezialisierung und Fortbildung unzureichend und vor allem für den Bürger nicht hinreichend erkennbar sind[29]. Die Anwaltssuche gestaltet sich oft schwierig, weil die relevanten Informationen nicht verfügbar sind[30]. Es fehlt an Transparenz und objektiven Kriterien im Hinblick auf Fragen wie Fortbildung, Spezialisierung, Erfolgsquote. In Bezug auf den zuletzt genannten Punkt sei auf einen – eigentlich selbstverständlichen – Punkt hingewiesen, der manchmal in den Hintergrund rückt: Rechtsschutzversicherer haben ein doppeltes, vitales Interesse daran, dass die von Ihren Kunden beauftragten Rechtsanwälte erfolgreich arbeiten. Gewonnene Fälle führen auf Grund der Kostenerstattung zu niedrigeren Ausgaben und stellen gleichzeit den Kunden zufrieden.

Dass Qualitätsaspekte bislang eher eine untergeordnete Rolle spielen, hat strukturelle Gründe. Innerhalb eines Monopols ist das Bedürfnis, Transparenz zu gewährleisten und sich dem Wettbewerb durch Qualitätsnachweise zu stellen gering. Man kann sogar die Frage stellen, ob ein Monopol überhaupt in der Lage ist, solche Anforderungen zu erfüllen. Manchmal drängt sich in diesem Zusammenhang der Eindruck auf, dass Rechtsschutzversicherungen als Projektionsfläche für Versäumnisse in der berufspolitischen Entwicklung der Anwaltschaft herhalten[31].

Rechtsschutzversicherer werden von Ihren Kunden mit qualitätsbezogenen Fragen konfrontiert. In Bezug auf Anwaltsempfehlungen und die Zusammenarbeit mit Kanzleien entwickeln Rechtsschutzversicherer qualitätsbezogene Richtlinien. Die HUK-Coburg beispielsweise hat folgende Kriterien aufgestellt: Sie empfiehlt nur Kanzleien, in der mindestens ein Fachanwalt für ein relevantes Rechtsgebiet tätig ist und die mit dem Versicherer über das Branchennetz des GDV[32] kommunizieren können. Die Einhaltung der besonderen Anforderungen des Datenschutzrechtes, denen der Versicherer einen hohen Stellenwert beimisst, wird durch die Kanzleien explizit zugesichert. Die Qualität in der Organisation der Kanzleien wird mit einem Zertifikat einer beliebigen, unabhängigen, akkreditierten Zertifizierungsstelle nach DIN EN ISO 9001 nachgewiesen[33].

Qualitätsstandards helfen zunächst dabei, grundlegende Arbeitsabläufe zu implementieren und zu gewährleisten. Letztlich geht es aber darum,

---

28 *Kleine-Cosack*, RDG II Rz. 151.
29 *Kleine-Cosack*, RDG II Rz. 96.
30 *Kleine-Cosack*, RDG II Rz. 141.
31 So *Eberhardt*, Berliner Anwaltsblatt 7–8/2012, 1, 2.
32 Gesamtverband der Deutschen Versicherungswirtschaft.
33 http://lawyerslife.de/?p=934 (Stand: 20.12.2013).

den Servicegedanken gegenüber dem Kunden mit Leben zu erfüllen. Wichtig ist eine konstante Kontrolle der entsprechenden Vorgaben. Die Rückkopplung durch Befragungen der Mandanten/Kunden gibt der Kanzlei ein positives Feedback, um ggf. bestehende Probleme zu beseitigen. Entsprechende Maßnahmen dienen damit sowohl dem Versicherungsnehmer als auch der Kanzlei und stellen für den Versicherer ein objektiviertes Gütesiegel dar, um dem Kunden/Mandanten eine sachlich fundierte Empfehlung auszusprechen.

II. Rechtsschutzversicherer im Wandel

Nicht nur die Anwaltschaft muss mit geänderten Rahmenbedingungen zur Recht kommen. Auch die Rechtsschutzversicherer stehen unter Druck. Die Branche hat in den letzten Jahren angesichts eines weitgehend gesättigten (Verdrängungs-)Marktes einen tiefgreifenden Wandel erfahren. Rechtsschutzversicherer verstehen sich nicht mehr nur als reine Kostenerstatter von Anwaltsgebühren und Gerichtskosten, sondern als Dienstleister mit kundenorientierten Leistungen und umfassendem Service. Um diese Entwicklung nachzuvollziehen, muss man sich zunächst die rechtlichen Rahmenbedingungen und Limitierungen klarmachen, unter denen Rechtsschutzversicherer agieren.

1. Was kann und darf die Rechtsschutzversicherung leisten?

Das Rechtsdienstleistungsgesetz[34] regelt die Befugnis, außergerichtliche Rechtsdienstleistungen zu erbringen. Das Gesetz aus dem Jahr 2007 hat das alte, vielfach kritisierte[35] Rechtsberatungsgesetz abgelöst. Erklärtes Ziel war es, verkrustete Vorstellungen über Bord zu werfen und den gerichtlichen Vorgaben Rechnung zu tragen, die das Bundesverfassungsgericht im Hinblick auf die Berufsfreiheit entwickelt hatte[36]. Die Möglichkeiten, Rechtsdienstleistungen zu erbringen, wurden erheblich erweitert. Nichts geändert hat sich allerdings für die Rechtsschutzversicherer. Ihnen wird die Erbringung von Rechtsdienstleistungen – wie zuvor schon im Rechtsberatungsgesetz – kategorisch untersagt. Die Gesetzesbegründung zu § 4 RDG stützt dies unter Bezugnahme auf eine antiquierte Entscheidung des Bundesgerichtshof aus dem Jahr 1961 auf eine – vermeintliche – Interessenkollision. Die Vorschrift wird daher auch als „lex Rechtsschutzversicherung" bezeichnet, da sie faktisch exklusiv auf Rechtsschutzversicherer Anwendung findet.

Mit Hilfe des Generalverdachts der Interessenkollision wird den Rechtsschutzversicherern vorgeworfen, sie würden bei einer Eigenberatung bzw. Selbstregulierung ausschließlich die Reduzierung der eigenen Zah-

---

34 Im Folgenden RDG.
35 *Kleine-Cosack*, RDG, II Rz. 1, nennt das Rechtsberatungsgesetz „manifest verfassungswidrig".
36 *Kleine-Cosack*, RDG, II Rz. 115 m.w.N.

lungsströme an die Anwaltschaft im Blick haben und nicht die optimale rechtliche Beratung ihrer Kunden.

Diese Argumentation geht zum einen an den explizit geäußerten Kundenwünschen vorbei: Viele Rechtsschutzversicherte wünschen sich eine rechtliche Beratung durch ihren Rechtsschutzversicherer. Auch die hohe Anwendungsdichte der Selbstregulierung in anderen europäischen Ländern zeigt, dass dieser Generalverdacht fehl geht[37]. Zudem würde in einem weitgehend gesättigten Markt wie dem deutschen Rechtsschutzversicherer-Markt bei einer nicht kundenorientierten Rechtsberatung dieser Rechtsschutzversicherer zügig vom Markt verschwinden.

Der in § 4 RDG artikulierte Generalverdacht geht weit über das Verständnis einer Interessenkollision in der Rechtsschutzversicherungs-Richtlinie der EU von 1987 hinaus: In der Richtlinie wollte man nur das Problem regeln, dass auf beiden Seiten eines Konflikts ein und derselbe Versicherer steht[38].

Für die Rechtsschutzversicherer war schon bei der Neufassung des RDG nicht nachvollziehbar, weshalb bis zu einer gewissen Grenze selbst Kfz-Werkstätten Rechtsdienstleistungen erlaubt wird, man die Rechtsschutzversicherer dagegen mit einem defacto Berufsausübungsverbot von einem Markt fernhält, für den sie in besonderem Maße qualifiziert sind (so arbeiten z.B. im D.A.S.-Leistungsmanagement rund 80 % Volljuristen)[39].

Ob die Einschränkungen der Rechtsschutzversicherer durch das RDG vor dem Hintergrund der Eu-Grundfreiheiten europarechtskonform sind, wurde und wird stark bezweifelt[40]. An dieser Stelle kann auf diese Problematik aber nicht detaillierter eingegangen werden.

2. Telefonische Rechtsberatung

Die Einschränkungen durch das RDG haben schon vor Jahren dazu geführt, dass Rechtsschutzversicherer anwaltliche telefonische Rechtsberatung vermitteln. Es lohnt, sich die Gründe dafür vor Augen zu führen. Die Rechtsschutzversicherer erkannten, dass ein massives Bedürfnis der Kunden bestand, direkt mit dem Versicherer Kontakt aufzunehmen und rechtliche Fragen zu platzieren. Da die Mitarbeiter der Rechtsschutzver-

---

37 *Kleine-Cosack*, RDG, III Anhang zu §§ 1–5, Rz. 145, der mit Blick auf das europäische Ausland den Verdacht äußert, „dass es allein die typisch deutsche Neigung ist, ohne Differenzierung pauschale Verbote zu statuieren, welche die verfassungsrechtlich nicht haltbare Sonderregelung des RED – und des VVG – zu Lasten deutscher Rechtsschutzversicherer erklärt."

38 Es handelt sich um eine Konstellation, die zum Erfordernis der Spartentrennung führte.

39 *Kleine-Cosack*, RDG, Anhang §§ 3–5, Rz. 41 konstatiert, die Qualität der Rechtsbesorgung durch Rechtsschutzversicherer könne „in jedem Fall" sichergestellt werden.

40 Vgl. dazu *Kleine-Cosack*, RDG, III Anhang zu §§ 1–5, Rz. 131 ff., der das Verbot der Erbringung von Rechtsdienstleistungen durch Rechtsschutzversicherer für „mehr als fragwürdig" hält.

sicherer – aus den oben dargestellten Gründen – keinerlei rechtliche Einschätzung abgeben dürfen – obgleich sie es in vielen Fällen könnten – verlegte man sich auf das Modell, den Kunden direkt telefonisch an Rechtsanwälte weiterzuleiten. Auf Grund des immensen Erfolges dieses Modells haben die meisten Versicherer dieses Modell erheblich ausgeweitet. So kann die telefonische Rechtsberatung in vielen Produkten völlig unabhängig vom Eintritt eines Versicherungsfalles in Anspruch genommen werden. Es ist also auch eine vorsorgliche, proaktive Beratung möglich. Viele dieser Anfragen würden ohne das Angebot der Versicherer vermutlich überhaupt nicht professionell bearbeitet. Denn die Hemmschwelle, wegen einer vermeintlich unbedeutenden Frage einen Anwalt zu konsultieren, ist nach wie vor hoch. Über den „Umweg" über den Rechtsschutzversicherer, der den Kontakt herstellt, entfällt diese Hemmschwelle.

3. Mediation

Von einem „Umbruch im deutschen Recht" und der „vielleicht wichtigsten Neuerung im deutschen Gerichts- und Rechtswesen seit 1879" war die Rede, als das Bundeskabinett am 12.1.2011 den Entwurf für ein Mediationsgesetz verabschiedete[41]. Vor kurzem ist das Gesetz zur Förderung der Mediation und anderer Formen der außergerichtlichen Konfliktlösung in Kraft getreten. Die Erwartungen sind groß.

Rechtsschutzversicherer sind schon aus wirtschaftlichen Erwägungen daran interessiert, dass Rechtskonflikte ihrer Kunden möglichst dauerhaft und kostengünstig gelöst werden. Die Versicherer sehen es daneben aber durchaus auch als ihre sozialpolitische Aufgabe an, streitschlichtend zu wirken. Entscheidend ist aber, dass sie ihre Kunden zufriedenstellen müssen. Vor diesem Hintergrund ist das Interesse der Rechtsschutzversicherer an der Mediation naheliegend[42].

Die Mediation ist in Fachkreisen zwischenzeitlich anerkannt. Mögliche Vorteile sind unbestritten: Sie ist in vielen Fällen schneller, effizienter und wirtschaftlicher als herkömmliche Verfahren. Die Konfliktparteien entscheiden definitionsgemäß eigenverantwortlich über eine zukunftsorientierte Lösung, die den Interessen aller Beteiligten Rechnung trägt, was im Idealfall dazu führt, dass Konflikte dauerhaft gelöst, jedenfalls aber entschärft werden[43]. Es zeigt sich auch, dass im Rahmen einer Mediation in vielen Fällen Konfliktstoff mit geregelt werden kann, der über den eigentlichen Streitgegenstand hinausgeht[44].

---

41 Vgl. *Prantl* in: Süddeutsche Zeitung v. 12.1.2011, 1.
42 Dazu *Tögel/Rohlff*, ZRP 2009, 209.
43 Zu nennen sind hier insb. Nachbarschaftsstreitigkeiten, die sich oft über Jahre hinziehen und denen die Tendenz innewohnt, in verschiedenen Konstellationen immer wieder aufzuleben.
44 Vgl. *Creutz*, Mediation geht vor, in: Handelsblatt v. 3.6.2009, unter Berufung auf die wissenschaftliche Auswertung des Modellversuchs in Bayern.

Mediation gibt den Rechtsschutzversicherern daher im Idealfall ein Instrument an die Hand, das Rechtsprobleme der Kunden kostengünstiger und nachhaltiger löst und die Kunden zufriedener zurücklässt. Kunden nehmen ihren Versicherer nicht nur als Kostenerstatter war, sondern als Dienstleister, der den Anstoß zu einer kreativen Problemlösung gegeben hat.

Der von Teilen der Anwaltschaft geäußerte Vorwurf, die Versicherer wollten lediglich Kosten sparen, greift zu kurz. Gerade im Bereich niedriger Gegenstandswerte kann das Gegenteil der Fall sein. Die Mediation wird ausnahmslos nach Stundensätzen abgerechnet, so dass im Vergleich zu einem Gerichtsverfahren durchaus auch höhere Kosten entstehen können. Dazu kommt, dass im Falle des Scheiterns einer Mediation zusätzlich die Kosten für ein Gerichtsverfahren von den Versicherern getragen werden.

Versicherer sind – von der Öffentlichkeit und selbst von Teilen der Anwaltschaft lange Zeit weitgehend unbemerkt – bereits seit einigen Jahren vermehrt dazu übergegangen, die Mediation als Rechtsdienstleistung ausdrücklich in ihren Leistungskatalog aufzunehmen[45]. Mediation wurde anfangs in verschwindend geringer Zahl nachgefragt[46]. Als Reaktion sind die Versicherer dazu übergegangen, aktiv auf Kunden zuzugehen, um zunächst überhaupt die Aufmerksamkeit auf diese Alternative der Streitschlichtung zu lenken. Die meisten Versicherer bieten Mediation „flächendeckend" in allen Produkten und für alle Leistungsarten an, teilweise wird Mediation aber auch in Bereichen angeboten, die bislang überhaupt nicht versichert wurden. So wird Mediation im gewerblichen Bereich angeboten. Dies schließt eine Lücke, da für firmenvertragliche Ansprüche regelmäßig kein „normaler" Versicherungsschutz abgeboten wird. Weitere Einsatzmöglichkeiten, etwa im Familienrecht, sind für die Zukunft vorstellbar.

Die Versicherer verfolgen unterschiedliche Ansätze. Diese reichen von der Zusammenarbeit mit einem Netzwerk von Mediatoren bis hin zum Einsatz eigener Mediatoren, die eine aufwendige Ausbildung durchlaufen. Allen Konzepten ist derzeit noch gemeinsam, dass erhebliche Mittel zum Aufbau von Know-how und Geschäftsabläufen investiert wurden und werden, ohne dass bislang messbare Kostenvorteile generiert wer-

---

45 Schon vor der ausdrücklichen Aufnahme der Mediation als Leistung in die ARB war diese schon unter die Schieds- und Schlichtungsverfahren zu subsumieren, deren Kosten von jeher gedeckt waren, soweit sie die Gebühren nicht überschritten, die bei Anrufung staatlicher Gerichte entstanden wären.

46 Angesichts der derzeitigen Verbreitung der Mediation ist nicht verwunderlich: In Deutschland standen in der Vergangenheit jährlich über 1,8 Millionen zivilrechtliche Klageverfahren erster Instanz nur ca. 2000–2500 Mediationsverfahren gegenüber, vgl. *Kirchhoff*, Ein kleiner Schritt für den Gesetzgeber, aber ein großer für die Mediation?, in: ZKM 2007, 138 unter Hinweis auf *Hommerich/Kriele*, Marketing für Mediation – Ergebnisse einer Befragung der Mitglieder der AG Mediation im Deutschen Anwaltverein, Bonn 2004, 20.

den: Mediation ist für die Versicherer derzeit eine Investition in die Zukunft ohne gesicherte Aussicht auf Rendite.

Will man die Mediation fördern, muss sie von den Beteiligten als Alternative der Streitbeilegung wahrgenommen werden. Dazu bedarf es derzeit noch eines hohen Aufwands an Information. Die Nachfrage nach Mediation muss gezielt angeregt werden. Rechtsschutzversicherer können hier eine zentrale Funktion übernehmen. Sie übernehmen die bereits mehrfach zitierte Lotsenfunktion und dienen als Weichensteller. Sobald der Kunde mit seinem Versicherer in Kontakt tritt, kann dieser in geeigneten Fällen auf die Möglichkeit eines Mediationsverfahrens hinweisen und dieses organisieren, bzw. einen Mediator vermitteln. Angesichts der hohen Fallzahlen, welche die Rechtsschutzversicherer in Deutschland abwickeln, ist die Bedeutung der Rechtsschutzversicherer nicht zu unterschätzen.

Ein Teil der Rechtsschutzversicherer spielt insoweit schon seit einigen Jahren die Rolle, die den Angehörigen der rechtsberatenden Berufe nach dem neuen Mediationsgesetz erst noch zukommen soll. So sollen auch Rechtsanwälte über das gesamte Spektrum der Konfliktlösungsmöglichkeiten informieren. Die Parteien sollen optimal aufgeklärt werden[47]. Für das laufende Geschäftsjahr rechnet die D.A.S. bereits mit einer Zahl von ca. 10 000 Mediationen. Sie war und ist zum Thema Meditation rechtpolitisch stark engagiert[48].

III. Ausblick: Rolle der Rechtsschutzversicherer in einem sich wandelnden Anwaltsmarkt

1. The End of Lawyers?

So lautet der provokante Titel eines Buches des britischen Autors *Richard Susskind*[49]. Ausgangspunkt ist die These, wonach, die Monopolisierung einer Dienstleistungsfunktion die Gefahr erhöht, dass Lücken in

---

47 Dazu schon im Rahmen des Gesetzgebungsverfahrens *Graf-Schlicker*, Die EU-Richtlinie zur Mediation – zum Stand der Umsetzung, ZKM 2009, 83 (86). Der neue, geänderte § 253 ZPO sieht vor, dass die Klageschrift Angaben dazu enthalten soll, oder der Klageerhebung der Versuch einer Mediation vorausgegangen ist und ob einem solchen Verfahren Gründe entgegen stehen.

48 Die D.A.S. veranstaltet bereits seit dem Jahr 2007 einen Mediationskongress in Zusammenarbeit mit der Universität Jena. Sie hat sich im Gesetzgebungsverfahren für verbindliche Qualitätsstandards stark gemacht und hat die Idee eingebracht, zu diesem Zweck eine gemeinnützige Stiftung zur Sicherstellung der Qualität in der Mediation zu gründen. Über die Umsetzung wird derzeit intensiv und unter Beteiligung aller maßgeblichen Gruppen – insbesondere natürlich der Anwaltschaft – diskutiert.
Tögel/Rohlff, ZKM 2010, 86; vgl. außerdem die Stellungnahme von Tögel im Rahmen der Anhörung im Rechtsausschuss unter: http://www.bundestag.de/ bundestag/ausschuesse17/a06/anhoerungen/archiv/10_Mediation/04_Stellung nahmen/Stellungnahme_T__gel.pdf (Stand: 7.11.2012).

49 *Susskind*, The End of Lawyers, Rethinking the Nature of Legal Service, Oxford University Press, 2010.

quantitativer und qualitativer Hinsicht auf dem Beratungsmarkt entstehen und ein freierer Dienstleistungsmarkt diese Defizite beseitigen kann[50]. Susskind vertritt die These, dass es einen großen Bedarf an Konfliktlösung gibt, der durch die bisherige Praxis der Rechtsdienstleistung nicht befriedigt wurde[51]. Schätzungen für den englischen Markt gehen insoweit davon aus, dass eine Million zivilrechtliche Fälle pro Jahr nicht bearbeitet werden, weil die Parteien davon ausgehen, dass sie nichts tun können und nicht wissen, an wen sich wenden können[52]. Nicht nur, dass auf diese Weise dem Rechtsberatungsmarkt – also in erster Linie auch der Anwaltschaft – Gebühren entgehen; ungelöste rechtliche Probleme in dieser Größenordnung bedeuten auch einen volkswirtschaftlichen Schaden[53].

Die Inanspruchnahme von Rechtsdienstleistungen wird von Kunden in vielen Fällen immer noch eher gemieden, als aktiv gesucht. Gründe hierfür, die von Sorge vor hohen Kosten bis zur Schwierigkeit bei der Anwaltssuche reichen, wurden bereits dargelegt. Daneben spielen aber auch weitere Aspekte eine Rolle: Unsere Gesellschaft ist mit einer zunehmenden „Verrechtlichung", also einer rechtlichen Durchdringung nahezu aller Lebensbereiche konfrontiert[54]. Die Ansprüche und Erwartungen von Rechtsuchenden haben sich geändert und entwickeln sich ständig fort. Rechtliche Informationen sind über das Internet leichter verfügbar und Kunden erwarten vielfach flexible, schnelle und individuell zugeschnittene Dienstleistungen.

In England gibt es erhebliche Umwälzungen durch den „Legal Service Act", der eine massive Liberalisierung des Rechtsdienstleistungsmarktes bezweckt. Unter anderem ist in England nun die Kapitalbeteiligung an Kanzleien möglich, was dem Gesetz im Vorfeld scherzhaft den Namen einer Supermarktkette eingebracht hat („Tesco-Law"[55]).

Susskind geht davon aus, dass die Anwälte sich in Zukunft nicht nur fachlich, sondern auch in der Ausrichtung ihres Geschäftsmodells viel stärker differenzieren werden (müssen), um in einem zunehmen liberalisierten Markt zu bestehen[56]. Den anstehenden Herausforderungen wird

---

50 *Kleine-Cosack*, RDG § 1 Rz. 18.
51 *Susskind*, The end of Lawyers, 235, unter Verweis auf *C. Anderson*: „in law, as elsewhere, there seems to be a long tail of demand that has not been satisfied by the working practices of the past."
52 *Susskind*, The end of Lawyers, S. 230.
53 *Susskind*, The end of lawyers, 230, unter Hinweis auf Untersuchungen des britischen Justizministeriums.
54 Dazu *Kleine-Cosack*, RDG II, Rz. 36 mit Hinweis auf die Gesetzesbegründung zum RDG.
55 Tesco ist eine große britische Supermarkt-Kette.
56 Ähnlich äußert sich auch *Kleine-Cosack*, RDG II Rz. 45, der davon ausgeht, dass die Anwaltschaft sich auf eine weitere Liberalisierung einstellen müsse, „indem sie durch Qualität und Professionalität und vertretbare Kosten mit nichtanwaltlichen Dienstleistungen konkurrieren muss".

die Anwaltschaft nicht dadurch begegnen können, dass Zäune hochgezogen und Monopole hochgehalten werden.

Dies wird auch in der deutschen Anwaltschaft zwischenzeitlich erkannt. So weist Schons darauf hin, dass der „traditionell geführten Anwaltskanzlei" das Tätigkeitsfeld „wegbricht". Die Anwälte müssten sich das Streben nach Kundenzufriedenheit von den Gewerbetreibenden „abgucken" und sich weniger am eigenen Bild orientieren, sondern daran, was die Klientel erwarte[57].

2. Rechtsschutzversicherung und Anwaltschaft: Erfolgsgeschichte und Chancen für die Zukunft

Anwaltschaft und Rechtsschutzversicherung blicken in Deutschland auf eine Erfolgsgeschichte. Die Anwaltschaft steht für hohe Qualität und Integrität. Sie trägt entscheidend dazu bei, dass das Rechtssystem in Deutschland im internationalen Vergleich gut bestehen kann. Die Rechtsschutzversicherung hat in Deutschland die im weltweiten Vergleich bei weitem höchste Verbreitung[58]. Sie sichert zu einem erheblichen Teil das Honoraraufkommen der Anwaltschaft, entlastet den Fiskus und ermöglicht gerade den weniger privilegierten Bürgern den Zugang zum Recht.

Rechtsschutzversicherer und Rechtsanwälte müssen sich jedoch in einem zunehmend raueren Klima behaupten. Beide unterliegen fundamentalen Veränderungseinflüssen. Während sich die Anwaltschaft seit 1988 quantitativ mehr als verdreifachte und deren Standes- bzw. Berufsrecht im Grunde erdrutschartig liberalisiert wurde, gerieten die Rechtsschutzversicherer spätestens nach der europäischen Deregulierung Mitte der neunziger Jahre in einen harten Verdrängungswettbewerb mit steigendem Kostendruck. Sie haben mit einer weitgehenden Marktsättigung zu kämpfen. Gleichzeitig haben sich die Erwartungen der Verbraucher dramatisch gewandelt. Darauf muss man mit modifizierten Geschäftsmodellen reagieren. Für beide Seiten ist eine bedürfnisgerechte Weiterentwicklung der angebotenen Dienstleitungen existentiell, um im harten Wettbewerb bestehen zu können. Beide muss das Ziel einen, den „Kuchen" für Rechtsdienstleistungen wenn möglich zu vergrößern und den Zugang zum Recht sicherzustellen. Hierfür bedarf es eines respektvollen und intelligenten Umgangs miteinander[59].

Die Rechtsanwaltschaft als Berufsgruppe wahrt in besonderem Maße Traditionen und Besitzstände. Dies ist legitim. Gleichwohl werden auch Anwälte sich an neue Entwicklungen anpassen müssen. Dass sie dabei vielleicht nicht diejenigen sind, die Innovationen vorantreiben, heißt nicht, dass sie an neuen Entwicklungen nicht partizipieren können und

---

57 AnwBl 12/2012, Editorial.
58 Das Prämienaufkommen ist in Deutschland so hoch, wie in allen anderen europäischen Ländern zusammen, vgl. *Kilian/Terriuolo*, AnwBl 2012, 226.
59 *Eberhardt*, Berliner Anwaltsblatt 8/2012.

sollten. Susskind vergleicht dies damit, dass es eben auch nicht Bibliothekare gewesen seien, die Google erfanden[60]. Anwälte seien von Natur risikoscheu.

Rechtsschutzversicherer – und hier insbesondere die D.A.S. – bemühen sich seit Jahren, Kundenbedürfnisse zu identifizieren und neue Leistungen anzubieten. Teilweise sind dies Leistungen, die Rechtsanwälte nicht erbringen können, bzw. wollen[61]. Schons nennt das Beispiel eines Gebrauchtwagenkaufs: Kein Privatmandant werde den Gebrauchtwagenkaufvertrag vorab anwaltlich prüfen lassen, da dies im Zweifel zu aufwendig und zu teuer sei[62]. Gleichwohl wäre eine Prüfung in vielen Fällen ausgesprochen sinnvoll. Die Motivation für das Engagement der Versicherer in neue Produkte[63] ist daher keineswegs lediglich dem Bemühen nach Kostenoptimierung geschuldet. Die Versicherer wollen vielmehr den Bedürfnissen der Kunden gerecht werden, um Kunden so zu gewinnen und zu binden. Die Anwaltschaft ist nicht der Gegner, sondern der natürlich Partner der Versicherer bei diesen Bemühungen und ihr erster Ansprechpartner. Die Verbreitung neuer Konfliktlösungsverfahren – wie der Mediation – ist aus Sicht der Versicherer ein Beitrag zur Förderung der Streitkultur. Der Markt für Dienstleistungen rund ums Recht wird durch die Verbreitung solcher Verfahren ergänzt und verbreitert. Verteilungskämpfe sind vor diesem Hintergrund ebenso unnötig wie kontraproduktiv. Anwaltschaft und Versicherer sollten daher auch weiterhin nicht gegen- sondern miteinander und als Partner arbeiten[64]. Die Diskussion lässt sich nicht mit kurzfristiger Polemik oder dem Verleugnen struktureller Probleme, sondern nur mit weitsichtiger, ehrlicher Gestaltungskraft bewältigen.

---

60 *Susskind*, The End of Lawyers, 254. Viele Rechtsanwälte sind seiner Meinung nach tendenziell eher risikoscheu und rückwärtsgewandt und daher nicht prädestiniert, den Schritt zur nächsten Generation von Rechtsdienstleistungserbringern zu wagen.

61 *Kleine-Cosack*, RDG § 1 Rz. 18.

62 *Schons*, AnwBl 12/2012, Editorial.

63 Rechtsschutzversicherer bieten eine vorsorgliche Prüfung bereits an, beispielsweise einen „Web-Check" des Internetauftritts oder einen sog. „Dokumenten-Check".

64 In diesem Sinne *Schons*, AnwBl 2010, 861 (863), *Schons*, AnwBl 2012, 221.

E. 25 Jahre Bastille-Entscheidungen – Quo Vadis Anwaltsmarkt?

Perspectives on the Global Law Firm and the International Framework.

Vorlesung an der Universität Hannover am 13.12.2012

Stephen Denyer, Head of City and International, The Law Society of England and Wales[1]

I. The evolution of the modern business law firm

The modern business law firm began to emerge in London and New York approximately 50 years ago. This was when financial transactions led out of those two cities started to be consistently international in character and when English law and New York law emerged clearly as the governing laws of choice for such matters. To begin with, the lawyers in London and New York remained locally based, but soon they started to travel around the world extensively, frequently accompanying clients from banks and other financial institutions. At that time, there were considerable limitations on the internationalisation of legal practice. Means of transport and of communication were a lot less sophisticated and there were significant barriers to international trade and finance (such as exchange control prohibitions and tariff barriers). Also, in those days, financial markets around the world were quite separate and distinct, with very little trade between them.

During the 1970s and 80s, many of the limitations and barriers started to erode. This encouraged the clients of law firms to become more adventurous in their international activities, and lawyers took advantage of the opportunity to become more active in a range of different jurisdictions. However, clients still saw themselves generally as firmly rooted in a single jurisdiction, and the same applied to the lawyers. Thus, although some of the London and New York based law firms started to open small international offices, they were for the most part quite modest outposts staffed by lawyers "sent" from the "head office" of the firm.

During this phase in the evolution of the market, English lawyers based in London became regular travellers to many different countries around the world, often accompanying what we used to call "merchant banks". They would produce increasingly complex agreements, which would create the structures that allowed international deals to be done. These documents would be drafted and negotiated in the English language and would rely on the flexibility of English law. The forum for the settlement of disputes relating to these agreements would generally be the English courts.

---

1 This chapter was written by *Stephen Denyer* when he was Global Markets Partner, Allen & Overy LLP and is based on a lecture which he delivered in that capacity. He has since joined the Law Society of England and Wales.

Of course, in order to implement most deals, a local law element was required in each relevant jurisdiction. Therefore, the lawyers from London would instruct local lawyers from independent law firms in each location, and frequently there was a substantial flow of work between London firms and the leading business law firms in other financial centres around the world. At this point, the flow of work was predominantly one way resulting in local lawyers being quite reliant on referrals from London. The same was, of course, also happening in relation to US lawyers based in New York, although to a lesser extent given the enormous size of the domestic market in the US.

The content of the agreements being drafted in this period was generally aimed at creating legal structures that would support financial and commercial objectives. The documentation became increasingly lengthy and more and more standardised, leading to the development of market standard precedents for many of the most common forms of documentation. However, crucially, the lawyer's role also extended to "project management" requiring them to ensure that everything required to complete a transaction occurred in the right way, at the right time. Many junior lawyers learned the craft of conducting international business by virtue of their initial exposure to sorting out the mechanics and the detail of these sorts of major global transactions.

Similar international trends began to emerge in the area of disputes. The conduct of litigation before domestic courts has always been, and still remains, a predominantly local activity, but the emergence of arbitration as an alternative method of solving disputes, and the freedom that this gave for disputes to be dealt with in the English language and for there to be a choice of governing law, allowed English and New York lawyers to become dominant in this field as well. Initially, financial institutions did not opt for arbitration, believing that they were better served if disputes were settled in the English or New York courts. However, arbitration was significantly more appealing to many corporate and commercial clients and, therefore, it was mostly these clients that created a demand for these services.

The work of the international lawyer from London or New York was easier thirty years ago because the laws in force in different jurisdictions tended to follow some very common and familiar patterns. Broadly speaking, there were, at this time, a few systems of law in the world derived from the laws developed by the old great powers. As a general rule, the old British Empire had English common law, the French-speaking world had the Napoleonic codes, large parts of Continental Europe had the German system and so on. Other important countries (e.g. Japan) adopted a "mix and match" approach. Overall, therefore, old systems of law tended to be adopted and used by the vast majority of "newer" countries. Thus, although the English and New York lawyer doing international work might not know the detail of local law, equipped with some basic comparative law knowledge, he or she could make an informed guess about the most common issues in a particular set of circumstances.

A further advantage that arose for the English and New York lawyers was the widespread use of the English language in international transactions and disputes. This gave them a natural advantage in drafting but also in negotiating since, frequently, the native English speakers (or at least those fluent in English) were better placed to represent clients. The fact that many of the other players involved (be they lawyers and bankers within the financial institutions or other service providers) all came from the same geographic locations (London and New York) provided a further element of cohesion and made it easier to run successful deals.

However, it would be wrong to imagine that legal business was conducted in an identical way across all jurisdictions. There were significant cultural differences and different traditions relating to how matters were dealt with in different countries and societies. Thus, for example, those involved in capital markets transactions relating to Japan, whichever country of origin they came from, would need to adhere to the traditions that had emerged in that country. The tradition here dictated that all parties met over a number of days to painstakingly to go through and agree the documentation page by page. These "joint working meetings" became a valuable institution that helped bridge understanding and set expectations.

II. The globalisation of business and finance

The global evolution of business and finance has been a key driver in the evolution of the modern business law firm. This phenomenon of globalisation really gained traction in the 1980's when many of the world's key financial markets were deregulated and capital flows began to become truly global. This coincided with the removal of many of the old tariff barriers and exchange control restrictions that used to apply.

The creation of free markets in some significant parts of the globe (particularly Europe and North America) gave a major boost to this trend. A wave of cross-border merger and acquisition activity occurred, with many formerly national businesses becoming truly multinational for the first time. This led to the emergence of a genuinely global group of clients, who were increasingly looking for a common approach to all aspects of their business around the world, including the legal aspects.

The collapse of communism in Europe and the opening up of China gave further impetus to the globalisation trend. In fact, lawyers from London and New York had been doing business in the old communist block (on behalf of Western clients) since the 1960's, but the sudden accessibility of a much broader range of markets within those countries transformed the perception of the business opportunities and thus greatly broadened the range of services lawyers could deliver. The fact this all happened very quickly at a time when domestic law firms were not well developed

54

gave an added boost to the globalisation of the market for legal services by encouraging firms like A&O to open offices in Central and Eastern Europe before we moved into Germany.

At roughly the same time, the market within the European Union was becoming increasingly open owing to large scale initiatives to remove barriers to trade and business, and this went hand in hand with efforts to harmonise laws and regulations. It was not surprising that these EU developments had a direct knock-on effect on how things developed in the old communist countries in the East.

Throughout the process of globalisation, other service providers have tended to be ahead of lawyers in exploiting new markets. So it was in this case. In the 80s and 90s accountants, in particular, rushed to set up operations in a huge number of different countries, whereas lawyers moved more cautiously. However, the speed with which accountants acted meant that, generally speaking, they were unable to develop businesses and structures that were truly integrated on a global scale. So, although accountants represented a good example of a global brand in the field of professional services, they did not normally create a single entity with the same structures, standards and goals. As a result, whilst the brand was global, all other aspects of the customer experience were frequently not.

A further driver of the globalisation trend which swept the legal profession along was the sudden and dramatic progress made with means of communication and sharing information. The arrival of email and creation of the internet have had a profound impact on the pace of globalisation and the way in which legal business is conducted. Liberated from typed documents and telexes, lawyers and their clients have been able to do business in a much more flexible way. One consequence of this has been the steady decline of the big face-to-face meetings and a decline in the "natural" interaction between the parties to a transaction.

Following the globalisation trend, all major service providers started to see themselves as valuable global brands. This view was generally shared by clients. Development of brand recognition greatly accelerated the evolution of recognised global service providers because an increasingly wide range of clients began to attach importance to the brand of their service providers, making it much harder for little known providers to compete with the recognised brands.

A further factor pushing in the same direction was a growing tendency for clients to create global law firm panels. The typical panel selection process was designed to greatly reduce the number of law firms being used by a client, this smaller number allowing the client to work more efficiently and gain the benefits of a smaller number of more strategic client relationships. Panel selection processes have helped globalising law firms to ensure broader integration of their business with the interests of their major clients. Thus securing a place on relevant panels has become a business imperative for law firms.

55

III. The opening of legal markets

Until the early 90s, there was very little scope for lawyers to set up offices outside their home jurisdictions. Although by that time it was already common for English law firms to have small outposts in places like Paris, Brussels, New York, Hong Kong, Tokyo and Dubai, there was no common pattern regarding how these offices could be established and what they could do. Generally speaking, they could only practise the law of their home jurisdiction (e.g. English law) and the firms could not take into partnership lawyers qualified elsewhere. There were also frequently registration requirements (for example, registration as a foreign legal consultant in New York) which had to be complied with and which imposed quite significant limitations on the scope of practice of lawyers representing a foreign firm. The same of course applied to the outposts of New York firms around the world, whilst, by and large, firms from other jurisdictions tended to have no international offices whatsoever at that time. Thus, for example, in a firm like A&O in the 80s, less than 10 % of our total lawyers were based outside London and they were all English lawyers being rotated from London for three to five years before ending up back in London.

A dramatic shift in the regulatory environment for cross-border legal practice occurred in the 1990s. The European Union introduced two significant directives – the Qualifications Directive which introduced a regime of mutual recognition for legal qualifications obtained in member states; and the Establishment Directive which made it possible for any lawyer with EU citizenship and admitted in any EU member state to freely practise in any other member state. Lawyers taking advantage of this directive were given the opportunity of automatically qualifying in the host member state after a period of residence of three years.

Further relevant EU-wide liberalisation was encouraged by other directives dealing with services, and meanwhile EU competition law started to erode restrictive national bar rules.

These measures had an immediate and direct impact within the EU and also had a wider "ripple" effect on the jurisdictions to the East of the EU (as then constituted) that were aiming to join the free market. These were the then new markets of Central and Eastern Europe, which generally entered into a series of Association Agreements with the EU, giving EU lawyers the right to equal treatment in the associated jurisdiction as within the EU itself.

My own experience during the 1990s illustrates the impact which these developments had. First of all, in 1994 I moved to Poland and practised as an English solicitor there within the framework of a legal consultancy business established to operate the new A&O office in Warsaw. My firm was able to bring some of the most prominent Polish practitioners in the firm into the partnership, and I was able to practise English law in Warsaw without encountering any material obstacles. The same applied to my colleagues, who were simultaneously doing similar things in places like Prague, Budapest and Bratislava. If and when the host countries suggested that there might be additional restrictions placed on what resident foreign lawyers should be allowed to do, recourse was rapidly made to representatives of the EU, who would remind the national governments of their obligations under the Association Agreements they had entered into. In these times, these provisions frequently gave partners in English law firms practising in Central and Eastern Europe an advantage over partners in American law firms.

In 1998, I moved from Warsaw to Frankfurt to join the recently established A&O office there. When that move occurred, it was covered by the two directives dealing with the recognition of qualifications and establishment. Thus, as a fully qualified English solicitor (in good standing with my home bar), who was also a citizen of the UK (an EU member state), I was able to establish myself in Frankfurt simply by producing my English qualification documentation and my passport, and going along to a local court to undertake to comply with relevant deontological rules. I did not have to demonstrate that I could speak German (save to the extent necessary to repeat the oath), nor indeed did I have to demonstrate any knowledge of German law.

The creation of a free market for legal services within the EU resulted in a sudden rush by London law firms, in particular, to establish themselves in all EU countries. This was frequently done by merger, meaning that many previously independent local law firms in EU member states were taken over by increasingly large global firms. The growing scale and scope of legal practice and the increased resources available within the firms concerned offered many benefits to clients. However, there was also perceived to be a loss of independence and national identity in some cases. This resulted in something of a backlash elsewhere in the world, where many countries felt the EU model was not one they wanted to follow wholeheartedly. The EU model also did nothing for those individuals or law firms that did not satisfy the nationality criteria or admission criteria. Thus, an American lawyer who is admitted as an English solicitor does not benefit from the Establishment Directive, nor does an Englishman only admitted to the New York Bar.

Even within the US, the EU model of complete freedom of movement was not taken up. Still today, rights to practise law there are generally granted on a state-by-state basis and it is not always possible for a lawyer to move from one state to another (and practise state law) without obtaining an additional qualification in the relevant state. These domestic limitations in the US have often been held up by opponents of liberalisation as a good reason not to pursue liberalisation that rapidly elsewhere.

On a more global scale, in recent years, moves towards liberalisation have tended to be focused on the process introduced by the General Agreement on Trade in Services (GATS). This process is part of the creation of broader market liberalisation frameworks adopted by the World

57

Trade Organisation (WTO). Just as in the case of the trade in goods (– under the General Agreement on Tariffs and Trade or GATT), WTO members make offers and reservations about the terms on which foreigners can trade in services in each jurisdiction. Often, obligations accepted in the legal services sector have resulted in quite widespread liberalisation. However, over the past decade the GATS process has largely stalled as a result of broader political disagreements, so the speed of progress initially experienced has not been maintained.

Partly as a result of the perceived slowdown in progress via GATS, a more recent trend has been for the liberalisation of legal services to be one area covered by Free Trade Agreements (FTAs) entered into on a bilateral basis between different countries. The FTAs entered into by the EU (which is the relevant body for all member states) and the US with countries in the rest of the world have almost invariably included legal services liberalisation obligations. These are often swept up within a much broader process, covering a huge range of different goods and services. Because of the broader scope, these agreements have frequently proved controversial. As an example, the respective FTAs entered into between, on the one hand, South Korea and, on the other hand, both the US and the EU turned out to be highly controversial on both sides, not because of what they provided in relation to legal services, but because of the provisions relating to the production and sale of cars and other manufactured goods.

Experience has shown that liberalisation via FTAs can be painfully slow and subject to many restrictions. Thus, for example, the opening up of the Korean market to foreign law firms is subject to a five-year transitional period and, during that initial term, the restrictions on what these firms can do are considerable.

Some countries have chosen to liberalise their legal services markets unilaterally. Japan is a case in point here. Having been vehemently opposed to legal services liberalisation for a very long time, the Japanese government and the Japanese legal profession changed position and took unilateral steps to open their market to foreign firms. This gave them the advantage of being able to control the way in which this happened without having to be subject to externally negotiated requirements.

For all those countries that have liberalised their markets for legal services, there are a roughly equal number of countries that have imposed new restrictions over the past 20–30 years. These are frequently inspired by a strong nationalistic tendency. Examples of this are the increasing restrictions on the practice of law by foreigners in India and Brazil; increased enforcement of existing restrictions in China; and potential new restrictions being implemented or debated in Russia, Malaysia and Vietnam. Frequently, restrictions are presented as a way of creating a "level playing field" and helping the domestic profession to develop. However, independent research (commissioned by A&O) in relation to India shows that these arguments are frequently ill founded and that there is a widespread understanding by all stakeholders (lawyers, clients and civil society generally) that liberalisation could bring a lot of benefits provided it is sensibly managed.

IV. Evolving law firm models

Broadly speaking, law firms undertaking cross-border work in the sphere of business law can be said to be pursuing one of six different models. It is important to be clear about the differences and similarities between these models and the characteristics of the firms using them. I deal with each model below in turn.

1. The models

a) Full-service international

The full-service international firm is one (like A&O) which provides English, New York and local law services in all of the major financial centres around the world and in a wide range of other important business and commercial centres. No full-service international law firm is present in every jurisdiction in the world, but the range of countries they are in and the breadth of services they offer give these firms a truly global footprint.

One characteristic of a full-service international firm is that it is not dominated by any single jurisdiction. In the case of A&O, for example, although when the firm was founded it was 100 % British, today the British component has decreased below 40 % and this continues to drop each year as the firm becomes more evenly and widely spread across the world.

Until recently, the great majority of full-service international firms originated from either the UK or the US. However, recent mergers in the Asia-Pacific region suggest that, in future, full-service international firms may originate elsewhere. King & Wood Mallesons, the result of a merger between a Chinese and Australian firm, will probably be one of the early examples.

Full-service international firms tend to find it relatively easy to fill the gaps in their geographic coverage by working with leading local firms in the jurisdictions they do not have their own offices in. They are particularly attractive partners for local firms in truly global transactions, given the strength and depth of their client relationships.

b) Limited international

A limited international firm is one which has expanded significantly beyond its original home jurisdiction (normally also England or New York), but still tends to be dominated by that jurisdiction. Thus, typically, over half of the firm still comprises lawyers and business from the original home jurisdiction. Coverage outside that home jurisdiction would frequently be uneven and often dominated by particular geographies.

These firms tend to have the same geographic and practice ambitions as full-service firms, but often are only part way through the journey to realising those ambitions. Thus, many of the recent law firm mergers have tended to be between two or more limited international firms, an objective of the merger being to create a new full-service international firm.

Although most limited international firms originate from England or the US, there are other examples. These include Gide Loyrette Nouel from Paris and (until recently) some of the Australian firms established in Hong Kong.

c) National

In almost every jurisdiction in the world there are one or more "national champions". These are law firms with a preeminent reputation in their home jurisdiction often in areas such as M&A. These firms have specifically limited their practice to a single jurisdiction and have differentiated their offering from that of other firms by presenting themselves as experts in a specific field. In the case of Slaughter and May, for example, this has meant, over the years, disposing of some "non-English" parts of the business in order to present a clear image of a purely English law firm.

Every jurisdiction can accommodate at least one national champion and bigger jurisdictions may accommodate two or three. These firms will continue to be in the fortunate position of being able to choose whether to remain independent or, perhaps, to merge with one or more other national champions to create a new multi-jurisdictional firm.

National champions face the challenge of having to persuade clients to use them on multi-jurisdictional matters when they do not have a multi-jurisdictional capacity. They frequently try to overcome this potential weakness by promoting networks of national champion firms, each presented as being the leading player in the relevant jurisdiction and able to join together to provide a combined cross-border offering.

d) Regional

A regional firm is one that covers a number of different but related jurisdictions. Frequently, those jurisdictions are in the same geographic area, often sharing similar cultures and traditions and perhaps even a common language. The relevant countries are often physically adjacent, and this aids the process of firm integration.

Regional firms are to be found, most notably, in Northern and Southern Europe, the CIS, Asia, Africa and Latin America. Sometimes they are truly integrated single firms, whilst on other occasions they may be a grouping of independent firms that have taken on a common brand and created an alliance.

Regional firms have the advantage of being able to present to clients the tempting prospect of being able to "tick off" a whole series of (often smaller) jurisdictions in one go when multi-jurisdictional matters are being dealt with.

e) Specialist

Specialist law firms compete around the world in a particular sector or a group of related sectors. Examples include specialisations in disputes, immigration, family law, intellectual property and competition law. This model involves "only" offering that specialist service (in other words, not being a full-service firm) but doing it to the same high standard in a lot of different jurisdictions. That way, the specialist firms can seek to create an image as a leader in a particular field and the "go to" firm for clients wanting that specialist expertise.

One challenge facing specialist firms is how to ensure that they stick to their chosen specialism and not get seduced by success into expanding into providing a wider range of services.

f) Collaborative

In the modern world, flexibility is a key asset. As in many other sectors, there is a growing tendency in the law towards legal service providers collaborating on a much more flexible basis to deliver a particular service to a particular client. This collaborative approach involves small boutique firms coming together in different combinations to do different jobs. This is really a mirror of what has happened for many years in other sectors, such as the construction industry, where informal groupings can be used to create the "dream team" for a particular task or matter.

2. Comparing law firm models

The models for legal practice have become increasingly diverse. In each category, there are firms that are doing exceptionally well and those that are doing exceptionally badly – sometimes to the point of collapse. This clearly demonstrates that there is no right or wrong model, but rather the key to success (or failure) is the degree of alignment between the model chosen by a particular firm and that firm's strengths, weaknesses, values and culture. Therefore, rather than the "battle of the models", we are witnessing battles within each model category to be the "best in class".

There is a lot of evidence to suggest that multi-jurisdictional work is increasing and that the profitability gap between multi-jurisdictional work and single-jurisdictional work is also growing. This means that, by and large, multi-jurisdictional work is more highly rewarded.

Thus regardless of their adopted business model, firms are seeking to generate more multi-jurisdictional work. In a world where global clients increasingly create global panels of law firms to deal with their legal needs, law firms perceived to be the best achieve disproportionately good results. This is because the typical global law firm panel includes not only room for one or two full-service international firms but also several national champions, several specialist firms and regional firms etc.

Of course, the business model adopted is not the only differentiator for the law firm. The partnership model can have a big influence on how business is done. Some firms are a single global partnership, operating on a fully integrated basis; others are loose international partnerships with a lot of flexibility built in; and yet others are simply franchises or brands based around loose alliances and mainly used for marketing purposes. The extent to which a firm is a single firm operating on a uniform basis around the world can, therefore, vary materially.

Furthermore, each significant law firm has its own values and culture which is mirrored in the way in which it does business. Values and cultures is most clearly reflected in the system of profit distribution applied, which can vary from a lockstep system with a single profit pool to a decentralised "eat what you kill" system.

V. The search for an internationally recognised legal qualification

As cross-border legal work increased during the post-war era, local lawyers in many significant jurisdictions around the world (including most of Western Continental Europe) found themselves increasingly playing a secondary role to international lawyers from London and New York. These international lawyers typically lead and coordinated cross-border matters with the result that the documentation used for such transactions took on more and more of an Anglo-Saxon style and was almost always written and negotiated in the English language. The feeling amongst the best local practitioners that they were being sidelined and finding it increasingly difficult to keep up with the more complex structures being used (often based around Anglo-Saxon English law concepts such as the Trust) led some of the most able and ambitious young lawyers from civil law countries to travel to the US to complete US LLMs.

Initially, US LLMs tended to be a simple add-on to undergraduate law degrees in the US (JDs) and were offered by leading US universities, such as Harvard, Chicago, Cornell, Duke and NYU, to add an international dimension to their programmes and generate additional revenue from foreign students. However, as these programmes became more popular, dedicated courses aimed exclusively at foreign students began to develop.

The next step for the ambitious and able European lawyer was to qualify as a lawyer in the US (most commonly in New York) and, ideally, gain practical work experience in the US prior to returning to Europe. The American system rapidly adapted to make both of these things possible creating a cohort of highly educated European lawyers.

The fact that a variety of scholarships were available for the best students to study for their LLMs in the US made this route even more attractive. Also, provided students chose the right course options during their LLM and undertook a vocational bar preparation course immediately after the LLM, European students could complete the New York Bar qualification. The US authorities added an automatic entitlement for students who studied for their LLM in the US to remain there for a short period of work experience, allowing many of these lawyers to gain first-hand experience of practising in New York as "visiting foreign attorneys" at leading New York firms.

Generally speaking, the New York firms did not regard these foreign lawyers who as "real" New York lawyers., thus the vast bulk of them ended up returning to their home jurisdictions. As always, however, there were certain exceptions, with some of the most determined and able Continental European lawyers re-engineering themselves as fully recognised New York attorneys and progressing to eventual partnerships in New York law firms.

This combination of a significant number of successful lawyers from Continental Europe who completed LLMs in the US and took the New York Bar before returning to their home jurisdiction, and a smaller number that went to the US and remained long term (often undertaking work from New York connected with their original home jurisdiction) gave New York firms powerful and reliable allies across Europe. The returning lawyers and the firms they went back to tended to be the natural home for referrals by New York firms and, of course, work flowed in the opposite direction too. Effective alumni programmes operated both by US universities and by New York law firms further re-enforced the connection.

Everything said above in relation to Continental Europe was equally true of Latin America. All the best people went to New York.

From the mid 80s onwards, a further trend began to emerge. The traditional flow of lawyers from Continental Europe and Latin America making their way to the US was joined and rapidly overtaken by a much larger number of top young lawyers arriving from the BRIC countries and emerging markets across Central and Eastern Europe and Asia. Many US LLM programmes became extremely large, and the number of US universities offering international LLMs increased steadily.

For many in this new group of young lawyers from emerging markets, a second internationally recognised legal qualification is now a necessity rather than a luxury. The reason is that there are a growing number of countries around the world where international firms can be present but cannot practise local law. China and Brazil are two prominent and obvious examples. Lawyers already qualified in those jurisdictions wanting to join an international law firm typically have to suspend their membership of the domestic bar whilst working for the international firm and cannot utilise their domestic legal qualification. Thus, in order to be authorised to conduct legal practice in an international law firm and have the potential to become partners, these lawyers have to have a recognised international qualification in addition to their domestic one. This is why the US route has become such a crucial means of facilitating international legal practice, and why so many civil lawyers doing cross-border work have a second – or sometimes even a third – legal qualification. In practice then, admission to the New York Bar is currently the only widely recognised mark of a credible civil lawyer doing international cross-border work.

British universities and the British legal profession were very slow to realise the benefits of following the US with an integrated postgraduate legal offering and a route to a secondary qualification in the UK. Although universities, such as Oxford, had for many years attracted some of the brightest and best students from former British colonies with their postgraduate "Bachelor of Civil Law" (BCL) degree, LLMs at UK universities were slow to develop (with the exception of the excellent LLM programmes run in London by the main colleges of The University of London). More crucially, UK legislation and professional rules conspired to make it very hard for a civil lawyer to obtain a secondary qualification in the UK (as an English solicitor or barrister) in a timely fashion. In particular, the obligation to complete a compulsory period of two years' apprenticeship before qualifying as an English solicitor (as a trainee) put a major stumbling block in the way of international students wanting to follow a UK route to a secondary qualification. In addition, UK immigration and work permit requirements, which did not present a "joined up approach" frustrating the efforts of foreign lawyers studying in the UK to obtain a period of practical work experience whilst in the country.

More recently, the UK has adopted new rules removing the training requirement for the great bulk of foreign lawyers seeking a secondary qualification in the UK. However, the new "Qualified Lawyers Transfer Scheme" (QLTS) is largely untested and unutilised and there is still some way to go to establish this as a credible alternative to going to the US and taking the New York Bar. Meanwhile, universities like Oxford are exploring the possibility of getting some of their courses accredited by the American Bar Association (ABA), with a view to a degree at Oxford opening the way to New York Bar admission.

Universities in Continental Europe and in countries such as Australia, South Africa and New Zealand have also started to offer LLM programmes. However, the absence of a credible route through to an internationally recognised legal practice qualification is a major stumbling block for them as well.

Nowadays, a growing number of large international law firms rely increasingly on internal training and work experience programmes to give young lawyers the skills and the credibility needed to undertake international practice. Many of these training programmes are now operated on a global basis and provide intensive and focused training in skills relevant to the chosen specialist areas of practice, with all lawyers around the world in a firm doing the same kind of work. These internal training programmes are increasingly supplemented by work experience programmes, allowing a lawyer from one jurisdiction to be seconded to an office of the same firm in another country.

The success of the international training and development activities of major international firms has attracted the attention of their "best friend" firms with the result that lawyers from those firms are increasingly being offered the opportunity to partake through training, work experience and even secondments. This underlines the commitment of international firms to build up a credible global network, covering all the jurisdictions that are important to them but where they do not have their own offices.

VI. The impact of antiquated regulatory requirements

From the perspective of an international law firm, regulatory requirements relating to the practice of law around the world are not really "fit for purpose". Regulatory regimes typically focus on the obligations and rights of individual lawyers rather than firms as a whole and do not generally take appropriate account of the fact that lawyers may be operating outside of their home jurisdiction and may be subject to additional obligations in other jurisdictions they are also qualified in.

This is a particularly major issue for a firm which has a strong corporate brand and which wishes to ensure worldwide compliance with all of the regulatory implications imposed on all of its lawyers. Just consider the number of jurisdictions in which A&O lawyers are qualified and the difficulty for the firm in understanding the regulatory requirements imposed on all of them by local regulation. This is compounded by the fact that some of the regulatory rules might be based on the law of the relevant jurisdiction; others may be derived from rulings of the courts, which often have a regulatory role in relation to legal practice (for example in the US); and others still may be derived from bar rules, which, although not directly legally enforceable, have to be complied with in order to maintain practice rights. In this respect, the regulation of the legal profession differs substantially from that of many other professional services businesses and even more dramatically from the regulation of the business activities typically conducted by corporate entities.

It is not simply a problem of discovering what the rules are and ensuring compliance; it is also a matter of making judgements about incompatible requirements. A good example of regulatory requirements imposed by different jurisdictions that cannot be reconciled arises in the field of conflicts of interest. The rules relating to conflicts of interest not only touch upon cases where a lawyer or a law firm may be asked to act for more than one party to the same transaction. They also deal with situations where a lawyer has confidential information derived from a piece of work with one client which would be relevant to another client involved in another matter, but where disclosure of the information by the lawyer would breach confidentiality obligations. There are fundamental and irreconcilable differences between the rules regarding these matters such as those in the US, the UK and Germany. These relate not only to what constitutes a conflict (i.e. whether it is narrowly or widely defined) but also to whether, and if so how, a conflict can be waived. Rules relating to conflicts of interest are particularly troublesome because breach of any of them frequently has severe consequences. This is particularly the case in the UK, where the relevant regulators have taken aggressive action not only against lawyers but also the law firms they belong to for perceived breaches of conflicts of interest rules, and as a consequence have imposed financial penalties or other sanctions.

Another area where conflicting or incompatible rules arise is in respect of continuing legal education. A growing number of jurisdictions impose continuing legal education obligations on their lawyers, typically requiring them to undertake a certain number of hours of training of a certain type, within a specific period. However, the requirements, the way in which training is recognised and recorded, and the period during which it is measured all vary enormously from one jurisdiction to another.

One interesting footnote to these examples applies in my own case as an English solicitor practising in Germany. Although, generally, English solicitors have continuing legal education requirements, I am exempt from these because I am practising outside the UK. And since Germany does not impose any continuing legal education requirements, I escape all such obligations. This is not a very logical outcome when you consider that a lawyer practising away from their home jurisdiction for a prolonged period of time probably is in need of more additional education and training, not less.

The rules relating to the professional conduct of lawyers form a body of deontology which applies to practitioners. Incompatible professional rules simultaneously imposed on the same lawyer or the same law firm are referred to as "double deontology" and the problems arising from double deontology have become an increasingly serious obstacle to smooth and successful international practice. These problems are exacerbated by the fact that an increasing number of deontological rules are being brought in by more and more bars and regulators around the world. The volume of rules and requirements applied to English or US lawyers today, for example, is far greater than 20 or 30 years ago. Furthermore, if you look around the world, you will find many jurisdictions (particularly in emerging markets) which hardly had any deontological rules in the past but now have an extensive body of them. More worryingly, these rules are becoming increasingly incompatible as local considerations drive regulatory development in each jurisdiction in different directions.

There is no realistic prospect of the harmonisation of deontological rules around the world. They are too deeply embedded in the culture and legal traditions of each country and tied up with matters such as the rule of law and the rights of the individual. However, we can hope for greater understanding of the pressures that arise when the rules collide and more practical awareness of how to address these issues in a way that allows international practice to continue to flourish without unnecessarily prejudicing the interests of the client.

VII. The impact of regulatory reform on the legal sector

Over the last 15 years, quite sweeping regulatory reforms in the legal sector have been implemented or contemplated in a number of significant jurisdictions. These have already had a significant impact on international legal practice and their effects are likely to be even more widely felt in coming decades.

Perhaps the most striking example of widespread regulatory reform in the legal sector has occurred in the UK. The Legal Services Act 2007 completely restructured the way in which the entire profession is regulated in the UK, creating a new overarching regulatory body (the Legal Services Board) and separating the representational function of relevant bars and law societies from their regulatory function (so in the case of English solicitors, leaving the representational function with the Law Society of England & Wales whilst passing the regulatory role to the newly created Solicitors Regulation Authority).

These reforms were enacted after a comprehensive review of legal services in England and Wales conducted by Sir David Clementi, a widely respected figure from the financial services world, but not a lawyer. The Clementi Review was largely triggered by extensive dissatisfaction with the way in which the Law Society of England & Wales handled complaints against "high street" solicitors doing legal work for private individuals and small businesses as opposed to big businesses and financial institutions. However, this review and the reforms enacted in the Legal Services Act have had a major impact on the international business law sector.

An important element of the reforms brought in by the Legal Services Act has been the arrival of "entity-based regulation". This means that, in England and Wales, now a significant part of the regulatory burden now falls directly on law firms rather than being passed to law firms indirectly via individual lawyers. This has generally been a welcome development in that it has made firms as an entity better able to manage their compliance with the relevant rules and regulations. However, on the other hand, it has created quite substantial responsibilities and potential risks for individuals running law firms or directly responsible for law firm compliance, and this has in some respects resulted in those individuals being in a position somewhat akin to that of a director or officer of a corporate entity.

One of the most striking features of the regulatory reforms in England and Wales has been the arrival of an entirely new vehicle for the practice of law: the so-called "Alternative Business Structure" (ABS) whereby law firms can accept external investment ending the rule that law firms have to be entirely owned and funded by partners. English law firms which choose to become ABSs have additional choices in relation to how they operate. They can admit other professionals and key staff who are not lawyers into the partnership, such as directors dealing with finance, IT, HR or business development. The possibility of creating a new type of entity that will compete with traditional law firms has been widely welcomed by the business community, and a variety of funds and other investors have stepped forward to establish or invest in ABSs. The ABS structure also creates new options for law firm mergers or the consolidation of legal service provision in a particular sector or market.

Although the ABS structure works well in a domestic UK context, it is much harder to utilise internationally. Many jurisdictions do not recognise ABSs as "proper" law firms and, therefore, there are great doubts about whether lawyers admitted in these more conservative jurisdictions (including the US and Germany) could become or remain part of a law firm which is an ABS.

For the more determined international law firms it is still possible to create a viable international structure incorporating an ABS by utilising an international holding arrangement, whereby the ABS carrying on business in the UK is linked to a more conventional law firm carrying on business elsewhere in the world via a Swiss Verein holding structure. This arrangement has been successfully applied for many years in the world of accountancy where, generally speaking, the large international accountancy firms are not one single entity. Some of the more recent international law firm mergers we have witnessed have taken a similar route.

Whilst non-lawyer partners and external investment might be quite controversial issues on the regulatory reform agenda, another reform which has been much more widely accepted has been the advent of limited liability structures for the practice of law. Traditionally, in most jurisdictions, law was practised by partners with unlimited personal liability for each other's actions. However, in many parts of the world over the last 15 years or so, we have seen the progressive arrival of limited liability structures, allowing partners to limit their personal liability for the actions of the firm they belong to unless the individual partner is personally responsible. These structures are extensively utilised in the US and the UK. But also, if you look in Switzerland or Austria, for example, you will now find limited liability vehicles being used for legal practice. Similarly, in some of the emerging markets, for example in Central and Eastern Europe, you will find corporate or quasi-corporate entities carrying on legal practice in a limited liability format.

Although limited liability partnerships (LLPs) are widely accepted, firms operating on a global scale frequently still find that they cannot create one unified, global LLP without having to go through some difficult manoeuvres in certain jurisdictions. In the case of A&O, for example, when it became an LLP, we found that there were certain jurisdictions which we could not bring into the LLP structure effectively, either because of local regulatory restrictions or because of potentially large additional tax liabilities that would accompany LLP status. One consequence of these peculiarities and other regulatory differences is that, if one looks at the structures of most international law firms in detail, one finds that, within the overall "one firm" framework, a number of different entities or practising methods still have to be utilised.

The overall picture, therefore, is one of complexity with a great deal of structuring required to allow firms to operate simultaneously in different jurisdictions with incompatible rules and requirements. Fortunately, however, the flexibility of English and New York law means that one can recreate the rights and obligations desired via contractual, corporate and trust arrangements which closely mirror the structures and consequences that would arise from a "normal" partnership arrangement.

Another barrier, often hidden, to integrated international legal practice is tax. The regime for taxing profits derived from law practices varies enormously from country to country and, often, there is no proper system for setting off liabilities incurred in one country against income derived in another. Thus, law firms operate at a disadvantage compared to other kinds of businesses.

Although the regulatory reforms in the UK have represented the most significant shift in law firm regulation around the world in recent decades, there has been plenty going on elsewhere as well. In South Africa we saw an example of a law firm being acquired by a bank and then subsequently transferred back into lawyer ownership. In New South Wales, in Australia, it became possible for law practices to be listed on the stock market and a number of firms took advantage of this, most notably Slater & Gordon (which has recently taken over a firm in the UK). Meanwhile, in France, a wide-ranging review of legal regulation was undertaken by Monsieur Darrois, and in the US, a broad review of regulatory requirements is currently being undertaken by the ABA's 20/20 Commission.

Despite the depth and breadth of actual or proposed regulatory reform in many countries, little has been done to modernise the governance of law firms. This is surprising because in the last few years law firm governance issues have become much more complex, reflecting the increased size and sophistication of many legal businesses. Partnership agreements nowadays do not just deal with conventional topics to do with the sharing of profits, the meeting of liabilities, the admission of new partners and the expulsion of partners; they also deal with much more wide-ranging governance matters. These matters need to be addressed to ensure that the firm is a well run global business and that an increasingly diverse group of partners are all confident that firm decisions are being taken on a clear and transparent basis. Also, the legal press and other commentators have ensured that law firm governance and, indeed, law firm politics are a matter of public scrutiny and debate, alongside law firm results and profitability.

This trend towards accepted standards of business operation being voluntarily but widely adopted has been reinforced by the arrival of awards and other forms of recognition for a well run law firm. It is increasingly recognised that law firm leadership is an art in lawyers need to be properly trained and developed in to be good at, and that leadership decisions can have a fundamental impact on the success or otherwise of the firm. Various spectacular law firm failures have reinforced this impression.

Against this background, the mechanisms for electing the leadership of a law firm and often also individual roles within the firm have come under greater and greater scrutiny. When election time arrives in a major firm, those seeking leadership roles can certainly expect to be in the media spotlight, and this in itself encourages more of a corporate attitude in relation to the operation of the business.

The trend described above illustrate that international legal practices have less and less in common with purely domestic law firms in each jurisdiction and more in common with each other. This realisation has sometimes led to calls for a different regulatory regime for international business law firms who serve sophisticated clients compared to domestic law firms who largely serve "ordinary" consumers. Although voices calling for moves in this direction have become louder, the inflexibility of the rules, particularly those relating to the mutual recognition of legal qualifications and practices across borders, means that fundamental restructuring or redesignation of different parts of the profession in countries with a lot of large law firms (such as the UK) remains only a distant prospect. However, the current spate of mergers that we are currently witnessing between firms from different jurisdictions may give greater impetus to a change of this kind in the future.

VIII. The fragmentation of the laws of the world versus the globalisation of legal risk

As already mentioned, in the past, most jurisdictions in the world followed one of a small number of legal traditions. These traditions were derived from the laws adopted by a few major political and economic powers in the world over the last 500 or so years. These include, for example, the Anglo-Saxon legal tradition derived from English law initially and more recently US law; the Napoleonic tradition derived from French law post the French revolution; and the Prussian/Germanic and Germanic/Austro-Hungarian traditions derived from the laws of Germany post Bismarck's unification. Generally speaking, countries which had been colonies of one of these "great powers" tended to adopt their legal system and traditions, Whilst countries which had not been in that position (for example, Japan) would often "mix and match" a limited number of similar traditions.

To give an example of how this worked in practice, those familiar with India will know that, pre independence, the country adopted English law and maintained this for many decades post independence. Thus, for example, although the restriction limiting the number of partners in a law firm to 20 was abolished in England almost 50 years ago, that restriction still applies in India.

To take another example, Japan, which was never a colony, adopted the pre-war German commercial code word for word. On the other hand, Poland adopted the same commercial code as Germany and Japan but adopted the French civil code.

Interestingly enough, not even the rise of communism made much impact on the legal traditions in many countries. Thus although, for example, in Central and Eastern Europe, old laws and legal traditions were overlaid by new laws derived from communist principles, after the fall of the Berlin Wall it proved relatively easy to sweep away that overlay and restore the old legal systems.

Whilst this pattern remained in place, an experienced lawyer sitting in London or New York could survey the world and have a pretty good idea of what the legal outcomes might be in a wide range of business contexts. Thus, until the mid 1990's, local legal advice often related primarily to technical issues such as how security could be taken over real estate or other assets.

Ironically, just at the time when the world economy has been globalising, and therefore legal risk for individual clients or businesses has increased in a much wider range of jurisdictions, business law and legal principles have been fragmenting, leading to many more local discrepancies and unpredictabilities than in the past. This has occurred because governments in all countries of the world have become more willing and able to adopt new laws at a much faster rate than previously and have departed from accepted legal principles and outcomes in order to fix perceived local problems or satisfy local needs. So adopting these new laws has become a popular way of responding to political and economic pressures. Also, almost every country now has the capacity to adopt new laws or rewrite existing ones owing to the growth of the legal infrastructure, with an increasing number of legal professions and court systems.

Law has become an instrument of national pride and self-determination. Governments are increasingly focused on how they can generate home-grown law in order to support the evolution of society within the country, support businesses located there and support the development of the domestic legal profession. Furthermore, international and multinational bodies, such as the UN, IMF and WTO, have all encouraged countries around the world that can be described as emerging markets to develop their legal infrastructures and undertake extensive programmes of law reform. Frequently, these legal development initiatives have been supported by foreign financed advisory efforts, often as part of aid programmes. The result has been a bewildering array of different and less predictable enactments and, therefore, less certain legal outcomes.

Nowadays, most of the largest multinational businesses operate in well over 100 countries. Many of them have large legal departments, which are responsible for managing legal risk and ensuring compliance across all of their countries of operation. The task of understanding legal requirements in so many different jurisdictions is huge and, every year, becomes more difficult as the rate of enactment of new laws accelerates and the frequency with which new risks emerge increases. This means that every successful in-house lawyer has to become a genuine comparative law expert. And since lawyers in private practice need to follow their clients, private practitioners find they too need to go down the same comparative law route.

The challenge of analysing legal requirements in relation to the same matter across a lot of different jurisdictions is considerable. This task can be hugely time consuming. Lawyers cannot keep up with the demand for this comparative overview by using conventional methods of legal analysis, involving lengthy legal opinions. This is driving the development of new techniques for comparative law analysis, such as that now adopted by A&O's Global Law Intelligence Unit. This high-level snapshot approach is capable of delivering a much more meaningful comparison at a much lower cost than would result were conventional methods used.

Today, legal risk is a very hot topic in the boardroom of every financial institution and all leading businesses. There are more and more examples of great institutions being destroyed by a failure to manage legal risk properly. Even more worryingly for those leading businesses or financial institutions, the personal risks connected with a failure of compliance have become much greater, with the criminal law increasingly targeting crimes that might be committed by individuals, as well as by the corporation or financial institution itself, when these matters are not properly managed.

Comparative law is a topic which is not adequately covered in most university degree courses or most vocational training programmes for lawyers. A firm grasp of this discipline, together with enhanced project management and business and financial analysis skills, will become more and more essential for the successful practitioners of tomorrow.

IX. The growth of new legal markets

During the post-war period, global gross domestic product (GDP) grew at a phenomenal pace, and this trend has continued despite the short term effects of economic ups and downs. This has been partly caused by the removal of trade barriers, which has created a more globalised economy. However, to an even greater extent, it has been a result of many new countries entering the global economy on a scale never before seen.

Of course, the collapse of communism catapulted a large number of previously economically stagnant countries fully into the world economy. In addition to this, we have been witnessing a fundamental rebalancing of the global economy in favour of new or growth markets, particularly in Asia, Africa and Latin America, which are growing disproportionately strongly compared to the more mature markets of Europe and North America.

Before, the process of globalisation largely involved businesses from mature markets going to exploit opportunities in emerging markets. Those days have gone. Today, globalisation involves businesses from anywhere doing business everywhere else. Nowadays, it is impossible to think of a country on the planet which does not represent an attractive market or opportunity for at least some of the world's truly global businesses. Globalisation will definitely continue for the long run despite the short term impact that may be experienced as a result of economic turmoil and the inevitable calls for increased protectionism that follow. Indeed, globalisation is now an entrenched and irreversible trend which still has some distance to run, as can be easily seen when you compare the amount of business and economic interaction between countries in the northern hemisphere with that in the southern hemisphere.

Historically, many of the countries of Central and Eastern Europe, Asia and Africa had a relatively low number of lawyers in private practice and rather weak legal infrastructures. The countries of Latin America were generally the only "emerging markets" with lots of lawyers, perhaps due to the influence of US traditions there. In all other emerging markets, the sudden demand for legal services and need for legal infrastructures in these places have led to very large number of new players entering the legal services market at all levels which in turn has resulted in an explosion in the number of lawyers qualifying in these countries, as well as in the number and size of domestic law firms. This in turn has put great pressure on the legal infrastructure, including the court systems.

At the same time, there has been quite a cultural shift as regards the role of lawyers and the need for sophisticated legal services. For example, in Japan, which has long been a highly industrialised country and fully part of the world economy, until relatively recently, there were only a tiny number of lawyers because the tradition in that country was not to resort to the law either in relation to agreements or disputes unless it was absolutely unavoidable. More recently, things have changed dramatically

73

with the consequent need for a bigger legal profession and greater legal infrastructure. Taking another Asian example, India has long had a very large legal profession but until very recently only a tiny number of Indian lawyers were fully involved in international business law work. This is changing as India develops into a world economic power. Similarly, in Russia, new law firms have emerged which have been struggling to operate effectively within a very antiquated system for the regulation of the legal profession.

Against this backdrop, it has been possible for international firms to move rapidly into emerging markets and to become major players in many of these countries. These moves have generated concern in some domestic professions about unfair competition from foreign firms, which in turn has led to some of the protectionism mentioned earlier. More recently, however, other trends have begun, with a growing number of younger firms from emerging markets beginning to establish themselves internationally either by merger or greenfield establishment.

One common misconception is that when a foreign firm goes into a new jurisdiction, a large number of foreign lawyers move into the jurisdiction and compete with domestic lawyers. As a general rule, this does not happen. Most firms send very small numbers of foreign lawyers to establish their office and to help train and develop the local team. These "culture carriers" frequently have a limited role and the vast bulk of the team in a new office of an international firm in a new jurisdiction will generally comprise local lawyers who have been hired as part of the international law firm team. Those lawyers frequently quickly take on leadership roles in the relevant jurisdiction and perhaps even globally. The resulting diversification of the ethnic, linguistic and cultural make up of many international firms has been simultaneously stimulating and challenging.

A lack of confidence in the local law and the local legal infrastructure in many jurisdictions has led to a widespread tendency to use English or New York law for major business agreements and to have key documents written in the English language. England, in particular, has been very good at encouraging this and has marketed English law as a major export product. All components of the legal community in England are working together to support this phenomenon. English law is, of course, favoured and promoted by English law firms, but also, English barristers operate increasingly internationally and English courts are keen to attract to London disputes, which frequently have a very limited connection with the UK. English universities also play their part in promoting this brand and building up a greater affinity to the English legal system.

As other jurisdictions become more conscious of the benefits of having a strong jurisdictional offering, competition between jurisdictions has intensified. Of course, there has always been competition between England and New York, but now, not only France and Germany but also Russia, China, Brazil and others are seeking to promote the advantages of their own legal system and legal infrastructure.

However, there remain perceived weaknesses within the court system in many emerging markets, and this has given a massive boost to the growth of international arbitration. Many major disputes are now dealt with by arbitration and even in financial matters, where arbitration has traditionally not been favoured, it is now becoming a more prevalent means of dispute resolution. Arbitration avoids the need to utilise domestic courts and, in the international context, gives a wide range of enforcement opportunities.

Today a growing number of countries are party to investment treaties which frequently provide an arbitration mechanism for settling disputes. This is especially relevant in emerging markets where there is a real explosion in the number of cases being resolved via investment treaty arbitration, as this mechanism is particularly relevant when there is state involvement in a transaction.

Clients operating internationally need to use good external lawyers to provide a comprehensive service. Awareness of this has grown slowly in emerging markets. Traditionally, Chinese or Indian clients sought to operate abroad without comprehensive legal assistance, but this trend is changing as the risks incurred through foreign activities become greater and the lack of proper external legal assistance puts them at a severe disadvantage.

X. The growing importance of law firm governance and management

Historically, most law firms had a pretty simple governance structure. Typically, decisions were taken by the partnership as a whole, and the Chairman's role within the firm was performed by a Senior Partner. The holder of that office was frequently amongst the older partners in the firm and would perform that function for the remainder of his or her working life within the partnership. As partnerships grew and became more and more complex business structures, the traditional system of decision making became less and less viable.

The first step which many firms took was to split the roles of Senior Partner and Managing Partner. Today the Senior Partner tends to be the Chairman, with an overall leadership role and a strong focus on the strategy, values and culture of the firm, whilst the Managing Partner is more concerned with running the firm as a business through driving profitability, partner performance and managing headcount. In many cases, the Senior Partner and Managing Partners are members of a board, which includes other partners in the firm plus, frequently, members of the senior support staff and possibly one or two outsiders to give a wider perspective. In many firms today, the great bulk of responsibly for decision making rests with this executive group and, often, the partnership as a whole only takes decisions on the appointment or expulsion of partners and major strategic matters that will have long term implications for the firm as a whole.

This executive group is typically elected by the entire partnership, usually in a secret ballot. All of the trappings of an election process often go with these appointments, which are now typically for fixed terms. Today, partners tend to be elected to these roles at a younger age than previously and, therefore face the prospect of either returning to front line practice after their tenure, or continuing their career outside of the firm. The Senior Partner and Managing Partner roles tend to be full-time management positions, whereas other board or executive committee members combine their executive role with normal lawyering activities.

Boards often tend to meet according to a fixed timetable, with the results of their deliberations are then communicated to the partnership at large in a fairly transparent way. Most partnership voting, when required, tends to be done electronically, and global partner meetings are frequently replaced by global partner conference calls or video conferences. Often, the only occasion when all partners assemble physically is for partner conferences, which might take place only once every year or two. And in any case, these conferences are often used to gauge the mood of the partnership and to build the culture and values rather than to make decisions.

Most large law firms now publish fully audited accounts, which are produced to the same standard as those of a public company. An important part of good firm governance is normally ensuring proper oversight of the accounting and risk management standards applied via an audit committee. Large firms usually have quite a few other committees as well, dealing with important matters such as partner selection, partner reviews and assessments, the firm's IT strategy and other long term issues affecting the firm's future.

A key issue for all firms nowadays is risk management and client acceptance. In a large firm, these functions taken together frequently occupy the time of two or three partners (with titles such as General Counsel, Head of Risk, Head of Partnership Affairs or Partnership Secretary), who also have to deal with other aspects of the firm's own affairs. In particular, determining which clients and matters can be taken on (both from a conflict of interest and a reputational risk perspective) and the terms on which a firm will act for clients have become increasingly crucial business issues, requiring clear policies and significant resources if they are to be dealt with effectively. Many of the collapses of international law firms and other professional services providers in recent times have had their origins in failures in these areas, often combined with poor financial management.

Most large firms are managed on a matrix basis. This means that, as a general rule, all of the fee earners and the support staff fall simultaneously into two different groupings. One grouping would typically relate to what type of work the person does and/or what type of client they mainly deal with – these are generally designated as practice groups or sector groups. The other dimension relates to geography, and so far as this is concerned, members of the firm would typically be grouped into national or regional units.

Both the practice group and the national group tend to have their own leadership, decision making processes, support services and responsibilities, and may also have both a Chairman/Senior Partner and a Managing Partner/Head and a board or steering group of some sort. The teams are then supported by non-legal staff, covering many of the areas necessary for the functioning of an effective unit. A big part of the responsibility for the development and performance of the firm tends to be delegated to these sub-groups rather than being centrally determined.

In the modern international law firm, lawyers are not the only important people. In many law firms "non-lawyers", covering areas such as finance, IT, HR, business development, e-business, know-how and training, make up approximately 40 % of the total headcount. For the most senior roles firms need to attract outstanding candidates who are often then afforded the same status and influence as partners.

On the legal side, in addition to partners, many of the larger firms have several other grades of fee earner. These might include, in order of seniority, counsel, senior associate, associate, trainee and paralegal. Determining the job description for and the role and responsibilities of each grade, including the partner grade, is an increasingly important issue, and effective performance management has become one of the key roles of the Managing Partner and the HR team.

XI. Evolving client expectations

Many large law firms now have to be quite selective about which clients they act for and which they do not. It is no longer sensible to make decisions on a case-by-case basis – instead, a clear strategy is required. The long term aim of most firms is to have fewer clients overall but to do more work for each of the clients they have. Clients tend to share out their work between a variety of different firms who have succeeded in winning a place on their panel. Thus, a law firm must first of all choose and win a place on a client's panel and then position themselves to increase the percentage of the clients work it wins.

As businesses face a broader range of significant risks, the role of the in-house General Counsel has increased in importance. In many businesses, the General Counsel runs a very large internal legal function whilst overseeing a great number of external lawyers. Therefore, knowing and interacting with General Counsel is often a key business development objective of law firms.

Careful selection of the partner and the team that will look after a particular client relationship on a global basis has become more and more of a necessity. Relationship partners for key clients have well defined roles and responsibilities, and cross-selling the services of different parts of the firm in different geographies will frequently be a key element. This has become especially important because many international firms find that multi-jurisdictional work is more profitable than matters only involving a single jurisdiction.

Often, the key issue for the law firm is getting on the client's panel. Panel selection processes have become increasingly tough and extensive over the years. Panel proposals are typically very comprehensive and sophisticated documents offering detailed responses to a specific request within which the client has laid out some very specific requirements often partly driven from a procurement perspective. Effective collaboration between the client relationship partners and the business development staff allocated to that client is key to success.

Different legal departments take different views on whether they require a "one-stop shop" global service or prefer to pick law firms or, indeed, individual lawyers on a case-by-case basis. Thus, if a firm is on the panel for a particular client, it does not necessarily mean that it will win work in all practice areas and geographies.

In cases where the client is looking for a comprehensive global service, law firms need to consider how they will address providing a service in those jurisdictions it does not have a physical presence or particular expertise. In order to demonstrate that they can handle a case for a major global client regardless of location or practice area, it is becoming increasingly important for these law firms to establish formal or informal networks and foster relationships with local firms in many different jurisdictions around the world.

Whether a service is provided entirely within a single law firm or whether the team providing it come from various different firms, a key determinant of success will be the level of integration within the team. Most firms seek to foster integration by arranging internal and external secondments and by creating common global training programmes. Investment in training is a key prerequisite to the delivery of an effective global service. Similarly, client secondments, which are also very common nowadays, foster the deepening and broadening of client relationships.

The other key resource which law firms can call upon is their alumni network. Alumni frequently move to client organisations and can be very effective ambassadors for their former firms. Alumni can also offer a flexible resource that can be called on to supplement the capabilities of a firm on a case-bay-case basis. Law firm alumni networks are now, therefore, an essential part of the future development of every major firm.

Learning from client feedback is another key business development activity. An effective client relationship partner will have regular meetings with the client to determine levels of satisfaction with the service provided, and to plan future client engagements. As with any other business development effort, this activity needs to be professionally managed and overseen.

XII. How do law firms differ from other professional service providers?

Not only were law firms slower than most of their clients when it came to embracing globalisation, they were also slower than most other professional service providers. Thus, accountants, pension and actuarial advisers, architects, recruitment consultants and management consultants (to name a few) generally globalised earlier than law firms did, and many of them have a larger global footprint today. This can partly be attributed to the regulatory barriers facing law firms that have already been mentioned and partly to a natural conservatism on the part of most lawyers and law firms. In addition, there used to be the (now rather old fashioned) idea that legal services were jurisdiction specific and not susceptible to globalisation in the same way as other professional services.

A number of key differences between global law firms and global accountancy practices illustrate this:

1) The big four accountancy firms are each more than ten times bigger than even the largest law firms.

2) These accountancy firms tend to operate in many more jurisdictions than law firms.

3) They are able to operate across borders much more freely as there are generally no regulatory restrictions on the cross-border provision of accountancy services.

4) The accountancy firms have generally adopted a more hierarchical corporate structure rather than adhering to traditional partnership governance principles.

5) The differential between the remuneration of the people at the top of accountancy firms and those at the bottom is generally much greater than in law firms.

6) There is greater harmonisation between accountancy principles around the world compared to the law.

7) Very few accountancy firms are fully integrated global partnerships in the way that most global law firms are. The accountancy firms tend to operate via a series of separate national firms, which just share a common brand and collaborate in certain areas.

8) When an accountancy firm becomes the global auditor of a major client, they are able to capture the vast bulk of that client's work around the world in a way that hardly ever happens with a law firm. This aspect of an institutionalised global relationship is a key differentiator.

Although, in many respects, accountancy firms could be said to be ahead of law firms for many of the reasons above, their greatest weakness tends to be the lack of a uniform standard across all of the jurisdictions they operate in. This can create the client perception that they are dealing with a franchise rather than a truly global entity run on a consistent worldwide basis.

From time to time, accountants and other professional service providers have sought to enter the legal services market by creating multi-disciplinary practices. These became very fashionable about ten years ago but then rapidly fell out of favour again due to regulatory restrictions imposed by Sarbanes – Oxley in the US and the disastrous consequences of the collapse of Arthur Andersen for the lawyers who joined Andersen Legal. A further factor which generally discouraged a multi-disciplinary approach was the perception on the part of many General Counsel that, if they ended up having to deal with the legal arm of a big accountancy firm, they would not get the same impartial advice and personal service they could expect from a traditional law firm.

Obviously, the approach that appeals to large multinationals is not necessarily the same as the service that might attract smaller, family-owned businesses. For the latter kinds of business, the multi-disciplinary approach may clearly offer more attractions. It is thus perhaps no surprise that one of the few countries where multi-disciplinary practices have been well received is Germany.

Law firms have generally been slower than other professional service providers to professionalise support services. Accountants and other service providers clearly embraced bringing on board professionals in areas such as finance, IT, BD and HR much earlier than law firms did, and it is noticeable that many of the senior professionals in those disciplines working within law firms today started their careers in accountancy firms or other professional service providers.

Law firms have considered moving into other business sectors, a common option being e-business. Many law firms have fantastic know-how and insights, which can be shared very effectively with clients on a virtual basis. There are now an impressive array of e-business products made available by each of the major global law firms, and in many cases a firm's e-business offering has become a separate profit centre. One can envisage e-business products becoming a more significant contributor to law firm profitability over the coming decades.

XIII. What can law firms learn from universities?

Entering the legal profession varies significantly from one jurisdiction to another. In some countries such as France, law is a first degree course which students begin immediately after leaving school, whereas in countries like the US law is a second degree course which students take after an initial broader foundation degree has been completed. In Germany, law degrees take a long time to complete and at the end students secure their own training positions as Referendar before taking up a permanent position once they are fully qualified. In contrast, in the UK students (who do not have to study law first) secure training contracts with the firm they eventually hope to join permanently upon qualification.

In many countries, there is a big debate about whether traditional academic legal education adequately prepares law students for the practice of law once they qualify. In the UK and in Germany, it is widely held that a traditional law degree is not an adequate preparation for practice and that learning needs to continue once a student joins a firm. Indeed, in the UK there is a sufficiently widespread belief that the existing training regime is not "fit for purpose" that a wide ranging review of this has been undertaken by the principal legal regulator.

In contrast, in the US and in France, there is generally a feeling that there is greater alignment between the university education young lawyers receive and the skills they will require in practice. This would tend to indicate that law schools in different countries see their roles differently and have different traditions and expectations with regard to involving practitioners in their courses and offering a practical focus to the studies students undertake.

One trend that is pleasing to note from the practitioner's perspective is that there are a growing number of universities offering combined law and business, or law and finance, programmes. Quite a few of these are at postgraduate level and in many cases, the programmes involve active collaboration between the law school and the business school. Initial results from many of these have been very positive.

However, it would be entirely wrong to believe that the only common interests that universities and law firms have relate to the training and recruitment of future lawyers. Universities have much more than that to offer as important stakeholders in the legal sector. They are centres of excellence in the field of legal knowledge and research, and so collaboration between law firms and academics at the interface between theory and practice can be very productive. Germany, France and the USA, for example, have an excellent tradition of practitioners teaching part-time. A trend that has not yet happened to the same extent in the UK to our detriment.

In order to emphasise the importance they attach to university links, many law firms sponsor chairs at universities or have other publicly announced institutional connections with them. If well managed, these connections can bring significant benefits for both parties. In particular, given the importance of innovation – and therefore research and development – from a law firm perspective, the input universities provide can make the difference between success or failure when it comes to creating a new legal product or solution and ensuring that it is widely accepted and used.

Improvements are possible, however, leading legal academics, for example, would benefit greatly from knowing more about how law firms operate and how the law is applied in action. Secondments or part-time assignments could form part of an exchange programme under which the more academically minded legal practitioners could be encouraged to do more writing and teaching, thus enhancing the resource pool available to universities. One could even dream of a time when there is as close a connection between leading law firms and leading universities as we see in the world of medicine, where innumerable large teaching hospitals undertake research, contribute to education and provide patient care all under one roof.

Leading legal academics also have a lot to offer in the field of law reform and the development of the legal infrastructure. The effective combination of their impartial expertise with the skills and insights of practitioners, could greatly facilitate the process of reforming the law and enacting new legislation.

XIV. Current pressures on international law firms

The market for high-end, cross-border business law services is very competitive. Clients are sophisticated and demanding and new competitors regularly enter the market, meaning to remain successful law firms have to constantly innovate. Some of the current pressures experienced by law firms are detailed below.

1. More for less

As General Counsel and legal departments are required to reduce the cost of overheads such as legal services, legal budgets are under pressure. Thus, General Counsel are able to spend less on external lawyers than in the past, yet because of the increasing complexity of the business environment and the increased level of risk they nevertheless need more legal support. Law firms have to respond to these pressures by being more innovative in the way in which they approach transactions, define the scope of work to be undertaken and price their services.

Many General Counsel are using procurement practices to determine the terms on which legal services are provided. This is leading to a move away from conventional hourly billing practices to alternative fee arrangements. It is also leading to a phenomenon called "unbundling", which involves separating out the component parts of a large matter and allocating different components to different service providers. This requires law firms to adopt a more flexible approach to how they manage their work and to be more willing to collaborate with third parties as well as with their client's in-house legal team.

2. The industrialisation of the law

Lawyers have long used precedents as a means of speeding up the process of drafting most of the documents they produce. More recently, technology has been significantly deployed significantly to allow the automatic assembly of first drafts of documents and to facilitate the speedy comparison of a number of similar cases or documents, frequently as part of a due diligence or evidence-gathering exercise. Online dealrooms and the sharing of live documents to allow real time negotiation and drafting to take place online have further increased efficiency.

It is now widely recognised that it is not necessary to have fully qualified lawyers undertaking many of the steps required to document and negotiate a transaction or to deal with a dispute. Paralegals and others who are not fully qualified or experienced are increasingly being deployed to take on these more standardised activities, utilising the substantial technology infrastructure that is available. This new breed of legal professional is typically significantly cheaper than traditional legal staff, and they do not need to be based in an expensive city centre location as they do not have any direct contact with clients.

Technology also facilitates the deployment of legal knowledge and materials directly into the heart of client organisations. Thus, law firms now often sell commoditised packages of knowledge, experience and precedents as part of an e-business offering rather than providing bespoke documentation and legal solutions on a case-by-case basis. This has profound implications for the staffing of law firms since it means that fewer junior lawyers are generally required. Advances in technology have also had an impact on where law firms locate their resources geographically, because of the potential for nearshoring, i.e. moving back office operations to cheaper locations.

3. A wider range of competitors

It is now possible for a much broader variety of law firms around the world to compete with the global firms for certain types of work. Key transactional "know-how", which used to be tightly held by a small group of firms and lawyers, has spread very widely in the internet age. Huge numbers of alumni of major firms are now to be found in smaller, niche practices or within in-house legal departments, or even practising on their own. Also, many legal departments have become more willing to use smaller or lesser known practices for certain kinds of work, tending to use the big global brands only for the most significant matters.

A further significant source of competition comes from the new elite law firms in many emerging markets around the world. Every BRIC country and many other significant growth markets have one or more "national champions", well able to compete with the leading global firms for work in the jurisdiction concerned. In order to boost their chances of securing the more profitable types of cross-border work, a lot of these firms have started to hire a number of English-speaking lawyers (usually English, American or Australian) to give them a common law/English language capability alongside their local law offering. The most ambitious amongst them have also started to merge with Anglo-Saxon firms as in the case of the recent King & Wood Mallesons Australia/China merger.

Further competition arises from the fact that many of the more routine commoditised types of legal work are now being done by outsourcing operations, which are frequently based in lower cost locations and rarely employ fully qualified lawyers. Many clients are very keen to use outsourcers as much as possible because of the cost reductions that can be achieved. Most outsourcing operations are very large, frequently bigger than even the largest global law firm, and their legal outsourcing services are often just one component of their offering, alongside other outsourcing offerings such as business process outsourcing. The fact that they already have established relationships with many global businesses makes it much easier for the outsourcers to cross-sell their legal products. In addition, economies of scale and the absence of professional restrictions on their activities mean that they can often simultaneously gain traction with a significant number of potential clients including ones with competing operations in the same sector, thereby ensuring that they become ever more efficient.

To add to these competitive factors, the advent of ABSs in the UK means that new money is now being put into the legal services market giving rise to the emergence of a whole new variety of niche businesses, which are competing with traditional law firms in certain narrowly defined sectors. The cumulative effect of the arrival of these new lean and hungry entities will be to greatly sharpen the competitive instincts of the existing law firm players.

The diverse nature of the types of legal service providers now actively used by any global corporation or financial institution can easily be assessed by looking at the range of legal service providers each of them appoints to their panels. Panel appointments are made public nowadays, and a quick comparison between the variety of law firms used by a single client today as compared to five or ten years ago immediately illustrates this diversification.

One further factor driving the development of a more competitive legal market is the evolution of in-house legal departments. Almost every in-house legal department in every global business or financial institution has been significantly transformed over the last ten years or so. General Counsel and their teams are now normally much more businesslike in how they select and utilise the various legal service providers on their panels and also much clearer about the types of work that will be undertaken in-house and those things that will go to external providers. On many deals, the in-house team is much more likely to take a proactive transaction management role, frequently limiting the scope of work and advice to be contributed by external providers. The growing sophistication and increasingly strong service expectations evidenced by in-house legal departments can easily be recognised when you look at the scope of the requests for proposals which law firms receive from actual or potential clients when pitching for new work. These are significantly more demanding and complex than they were hitherto.

All of this means that understanding the needs and wishes of in-house legal departments is more and more of a business critical priority for law firms. Law firms now cherish all of the connections they have with in-house teams. They monitor which of their alumni move in-house and make great efforts to stay close to them. They encourage senior staff, including frequently top billing partners to join in-house legal teams at a suitably senior level (such as General Counsel), recognising the wider benefits that can be derived from this. In addition, firms attach great importance to the opportunity to second some of their brightest and best young lawyers to in-house roles, where they can get to know the client and the sector much better and can build long term relationships that will be enormously valuable when they return to their home firm.

4. Covering a wider range of jurisdictions

A very large global law firm may have up to 50 offices in 40 different jurisdictions. However, the world is divided into 194 nation states and when the federal nature of certain countries is taken into account, there are in fact more than 320 jurisdictions in the world. No law firm covers that number of jurisdictions and there is no realistic prospect that any single firm will do so given the regulatory restrictions that apply in many jurisdictions and the enormous diversity that exists as regards the relative size and importance of the many different jurisdictions found in the world today.

However, modern business is truly global and amongst the clients of any global law firm there will be a significant number which are doing business in every country on the planet. In some cases, their choice of locations to do business in will be driven by the presence of natural resources; in other cases, by the location centres of population or perhaps by the availability of manufacturing capacity; and in others still, by the existence of locations where food and other consumables can be produced. In view of the diversity of business carried on by multinational corporations and financial institutions, there is no common geographic distribution pattern which can be relied upon to represent all sectors of the economy. This means that any serious global law firm has to be ready to respond rapidly to requests for legal assistance or input anywhere in the world.

Given the speed with which business is transacted in the modern world and the demands placed on General Counsel to be ready with an instant response whenever the business demands legal assistance, global law firms cannot afford to wait to see where assistance is going to be needed: they have to prepare ahead of time. Increasingly, they are encouraged to do this by the panel selection processes or pitch requirements of clients, which frequently now require the firm to specify how they are going to cover each one of a long list of jurisdictions. Of course, in some cases, the answer will be simple: namely, through an office of the relevant firm which provides a local law service. However, even if a firm has an office in a location, it may well be that they do not provide a local law service – frequently due to regulatory restrictions – limiting themselves instead to English and New York law. In other cases, the firm may provide a local law service, but it will not always cover all areas of legal practice and thus it is relatively common for the local offices of global firms to out-source to local firms certain types of work, such as litigation in the local courts, employment disputes or perhaps real estate transactions.

If a firm does not have the necessary capacities via its own offices, one option is to provide local law services via a joint venture with a local firm. Whilst common in the business world, joint ventures are relatively uncommon in the legal sphere, mainly because the business benefits that a law firm can gain from a joint venture tend to be limited. However, there are quite a few jurisdictions in the world (such as Saudi Arabia) where joint ventures are required as a condition of allowing entry by a foreign firm. A further variant on the joint venture model arises in jurisdictions where it has become common practice for a foreign firm to operate in parallel with a captive local firm set up expressly to provide the local law element in an integrated client offering. Structures of this kind are common, for example in Turkey, and are sometimes also found in Brazil and Indonesia.

In cases where none of the above applies, the international firm may wish to provide the local law service via an alliance. Alliances may be bilateral, between individual firms, or may be multi-jurisdictional, aimed at creating wide geographic coverage. There are quite a number of well-known multinational alliances in the world, one example being Lex Mundi. These alliances or clubs normally bring together a number of similar firms from different jurisdictions with the aim of collaborating, normally in a fairly loose or non-exclusive way. In some cases, one firm might belong to more than one multi-jurisdictional alliance.

Very large global firms have tended to prefer "best friend" arrangements to branded international alliances. This approach was famously embraced by Slaughter and May, which, more than 20 years ago, identified best friend firms across Europe. Variances of this theme have now been adopted by a range of other firms, including my own.

Whether the arrangements with friendly firms are exclusive or non-exclusive is not, in my experience, the key determinant of the success of the best friend model. It is likely to be more important that the firms in the relevant network have a lot in common in terms of client base, types of practice, culture and values. Also, in order to make any network arrangement of this kind work, it is necessary to invest in it quite substantially by, for example, arranging events for firms in the network, sharing know-how, providing network-wide training, doing joint business development activities and having secondments between firms in the network.

Whichever method or combination of methods are used, at the end of the day, the key result clients want to see is a map of the world showing how each global law firm provides effective coverage in each jurisdiction. These global capabilities can be effectively underlined by the production of multi-jurisdictional surveys contributed to by all members of the network and showing how similar legal issues are dealt with in each one of a wide variety of different jurisdictions.

5. The war for talent

Although, in the world today, there is a massive oversupply of "entry level" lawyers, competition for the very best future legal talent remains intense. So far as global firms are concerned, this is particularly the case in relation to young lawyers who have a multi-jurisdictional perspective, multi-lingual capabilities, and wide and deep cultural awareness. Young lawyers in this category may well have studied in more than one jurisdiction and, indeed, may also be qualified in more than one place too.

The kind of talent sought by global law firms is also in demand with other employers. In particular, once qualified, lawyers in many jurisdictions may be tempted to join investment banks or management consultancies or going into any one of a wide variety of different businesses. There is also the more conventional competition for talent provided by in-house legal departments.

If one adds to the standard mix of competing potential employers, described above, new competitors such as some of the alternative start-up legal practices being externally funded in the UK and some of the outsourcers entering the legal market, it is clear that competition at the top end of the employment market can only intensify further. This is even more so the case in jurisdictions which are proving particularly attractive to new foreign entrants since a very common way for a new entrant to grow their practice will be to hire some of the best younger talent at some of the more established firms.

All of this means that the right human resource policies must be in place from recruitment to career development. The best and brightest young lawyers not only demand clearly defined and transparent career paths, they also expect their work experience to be professionally and personally enriching and their skills to be steadily developed further. In this context, ensuring a suitable mixture of types of work is a key ingredient which requires careful oversight of the work undertaken by each young lawyer and the taking of active steps to allocate work to lawyers which will most contribute to their developmental needs.

6. New approaches to training and development

In any global firm today, on-the-job training is greatly supplemented by an extensive programme of in-house education, training and development. Typically, firms run two distinct kinds of programme – on legal skills and so-called "soft skills". Technical legal skills programmes normally include intensive high-level training based around the precedents which the firm uses for particular kinds of legal transactions. Running in parallel with these legal programmes, one normally finds an extensive range of development programmes giving lawyers at every age additional "soft skills" intended to develop them into more effective leaders and client advisers. Normally, the legal and soft skill training is delivered in-house using a mixture of in-house and external resources.

In order to determine whether their lawyers are developing in an appropriate way, firms frequently make use of competency frameworks. These allow comparisons to be made between the development of lawyers of similar ages in different jurisdictions and practice areas and tend to be reviewed at a lawyer's annual appraisal. In order to achieve competency objectives, lawyers normally require a combination of practical work experience and focused training covering both the practical and the more theoretical aspects of the required skill.

Given the increasing tendency towards even finer distinctions being made between different levels of position occupied by lawyers in law firms, progress from one career level to another is normally dependent on achieving and demonstrating certain levels of competence. In addition to the lawyers themselves, the HR department of the firm needs to be closely involved with measuring this progress. Of course, sometimes secondments to other practice areas or offices or, indeed, to clients or friendly law firms may be an important element in a lawyer's career development plans. In addition, it is increasingly common for lawyers to be seconded to governmental or quasi-governmental agencies, where they may gain different skills and insights. Furthermore, participation in pro bono or community service projects can also contribute significantly to career development as well.

XV. Future trends

1. The end of the traditional pyramid

Particularly in Anglo-Saxon jurisdictions, law firms have long adopted a pyramid structure from a human resources point of view. This has meant that supporting each individual partner, there have been as many as four or five other fee earners and anything up to five support staff. This model assumed a large intake of entry level lawyers at the bottom according to a fixed annual recruitment cycle and then years of attrition until the remaining fee earners eventually emerged at the top of the pyramid to become partners generating new pyramids of their own. A key element of this model was the availability of large volumes of relatively straightforward work for the most junior lawyers in the pyramid to perform.

Although in Continental Europe, pyramids barely existed before the arrival of international law firms, the Continental model rapidly adopted this structure. Variations of this structure have developed to reflect national differences. For example, the pyramid structure in Germany is a lot narrower than that employed in Italy.

As clients increasingly resist paying for the training of junior lawyers within their legal firms, the pyramid structure will be forced to change. Whilst the pyramid will still exist in London and New York, in future pyramids are likely to be narrower than today, and thus the number of entry level jobs in large law firms is likely to decrease. This poses a fundamental problem so far as the training and development of future senior lawyers is concerned. If there is less work-experience work available, firms will need to compensate by arranging more extensive training programmes which seek to replicate the kind of knowledge and experience which young lawyers previously derived from on-the-job training. Efficiency and economies can probably be achieved by doing this together with external training providers rather than making it a purely in-house effort.

The ever increasing sophistication of technology is a further factor which will speed up the execution of work at the more junior end of legal practice and so further diminish the number of young lawyers required. This trend will be further accentuated by increased use of alternative (and cheaper) sources of labour for more routine work, involving some combination of nearshoring, offshoring, outsourcing and automation.

In many cases, it is not simply a matter of clients finding cheaper ways to do the same thing. In future, clients will often simply decide not to have certain things done at all, on the basis that the risks of omitting actions or activities are not that great if it is mainly a question of relatively low value contracts or disputes. In this regard, the commercial terms on which deals get done will change somewhat, so that more of the risk is covered by adjustments to the purchase price rather than by very comprehensive upfront due diligence. The era when clients wanted every possible angle explored and every risk covered, via rigorous legal analysis or intensive factual reporting, is rapidly coming to an end. There is a similar trend when it comes to a client's appetite for extensive reports on and analysis of the different legal issues. Legal reporting will tend to become significantly briefer and more focused on issues deemed to be of the greatest commercial significance. The fact that a growing amount of the

89

more routine work is done at fixed prices and that there is competitive tendering for each job will accelerate this trend.

On the support side, increased efficiency and more flexible working practices are also reducing headcount, so there is a trend towards having a lower support staff to fee earner ratio. In this regard, law firms are slowly following a pattern set long ago by accountants and investment bankers. Fee earners are increasingly expected to look after themselves rather than relying on extensive PA and other support to translate their intentions into action.

In-house outsourcing of support functions is a further trend that is reducing the ratio of employed support staff in law firms. Nowadays, if you visit one of the larger offices of major global law firms, you will find quite a few contractors in the office, who provide support services for the firm (in IT, catering, security etc.) but are not employees of the law firm concerned. Replacing permanent employees with external resources supplied by outside contractors not only delivers efficiency savings but also allows firms to concentrate more intensely on their core business.

2. Utilising more flexible structures

Historically, many of the leading law firms in the world were "pure lock-step" law firms. In general terms, this meant that every partner was an equity partner and that the partners shared profits on a strict global formula based on length of service rather than on personal contribution. This model was perceived as bringing considerable benefits in terms of cohesion and team effort. These benefits are still highly valued by many of the most successful partners in the largest law firms, so firms have generally tried to retain the lockstep model as much as possible. However, a combination of the stresses and strains of global growth and the side effects of regulatory restrictions and tax complications has meant that almost every firm has needed to move away from the pure lockstep model, at least to a limited extent.

More dramatic shifts away from traditional law firm models have tended to occur when international mergers take place. In recent years there have been quite a lot of these, and over time they have tended to become larger and to involve an ever more diverse range of countries. When two or more large firms merge with each other, it is increasingly unlikely that a single traditional partnership will result. This is why the structures deployed to unite different firms in a merger increasingly involve holding arrangements, often organised via a Swiss Verein.

ABSs set up in the UK will become an increasingly important player in the global legal services market. However, these structures cannot utilise many elements available within a traditional partnership. In particular, if ABSs have external investors, they will need to incorporate a mechanism for those investors to get a return on their investment, and it is almost inevitable that something beyond a traditional partnership structure will be required in those cases.

A glance at the diversity of structures used by international accountancy firms serves to illustrate what may be in store in the legal field.

3. The importance of innovation

By nature, lawyers tend to be quite conservative and risk averse. However, in the complex business environment of today's globalised economy, those familiar characteristics rarely achieve the best results. With traditional products and markets either disappearing or being rapidly transformed, lawyers are being forced to become more and more innovative. There is now a widespread recognition that institutionalising an innovative culture may well be one of the key leadership challenges for those running the firm.

Innovation in a law firm may take many different forms. It may occur in relation to the underlying legal work undertaken, resulting in new legal structures or solutions, which, once invented, can be cross-sold to lots of different clients and used in lots of different jurisdictions. However, innovation may also relate to the systems and processes used by law firms to deliver their services. In the current environment, these process innovations may often involve increased use of technology and/or new forms of collaboration. It is no coincidence that one of the most prestigious awards that any international law firm can collect today is for "Innovative Law Firm of the Year". The criteria used by the Financial Times for determining the winners of their innovation awards over the last five years or so, give clear indication of how much innovation is now occurring in the legal sector and how diverse the innovative elements are.

Given that lawyers may not necessarily be naturally innovative individuals, firms need to encourage innovation. Many are doing this by rewarding it both financially and in terms of future prospects. In addition, it is increasingly common for firms to provide training and continuous support (such as coaching) to encourage an innovative approach. Firms are also discovering that fostering closer collaboration between fee earners and support staff can unlock a lot of innovative potential.

4. Fewer clients but deeper client relationships

Global law firms face ever more important choices when it comes to the clients they will act for around the world and those they won't. Client choice has to consider issues of conflicts of interest be they legal or commercial conflicts and law firm resources. Key client relationships are increasingly dependent on intense interaction between the firm and the client at a very senior level, and thus can only realistically be achieved with a limited number of clients. Firms therefore devote a lot of resources to identifying their "crown jewel" current and target clients, and trying to establish deeper and more comprehensive relationships with that limited group.

Effective client relationship management is an art in itself, which can only be performed well with the right team. Fee earners allocated to specific client teams have to have the right blend of legal and soft skills to make the most of the relationship and lead partners for a particular client relationship must now give top priority to deriving as much as possible from the relationship to promote cross-selling. Regular and sophisticated client feedback is a key element in this together with thorough preparation for each significant client interaction. Increasingly, client relationship teams comprise not only fee earners but dedicated business development staff working with key individuals in the in-house legal department.

One consequence of this trend is that when firms grow by lateral hire, they must take great care to ensure that the new lawyers coming into the firm have client bases that are compatible with the broader client priorities the firm has identified. This inevitably means more centralised control and direction and hard choices about what opportunities to forego as well as which ones to seize.

5. The rise of local law

When English and US firms first started to become global, it was widely assumed that the key products they would be selling around the world were English and New York law. In that phase of the development of the market for legal services, all the exciting stuff happened within an English and New York law context and the local element was largely secondary.

Over the last 20 years or so, there has been a steady trend towards greater use of local law, not only in transactions which just relate to a single jurisdiction but also in respect of multi-jurisdictional transactions where one jurisdiction is dominant. Ironically, it is not unusual for documentation still to be drafted in the English language and to draw on common law concepts whilst being governed by the local law of the relevant or main jurisdiction. This frequently gives rise to some very difficult questions of interpretation and enforcement.

One consequence of this trend is that international law firms need to ensure they have credible local law teams in place in every jurisdiction they operate in, covering every practice area and sector. Thus, there is a need for a majority of local lawyers, and thus today, in the international offices of global firms, the Anglo-Saxons are generally in a small minority.

The focus on local law means increased use of local language and more investment in the development of precedents and market practices suited to local law and market conditions and requirements. Many governments are actively promoting the use of their local law and encouraging the use the local language too. International firms have thus become an increasingly attractive home for leading local lawyers, meaning a high probability that the most prominent lawyers in an international firm will be some of the leading practitioners in the country that firm is in. Increasingly, some of those prominent local lawyers are moving to global management positions, resulting in a steady diversification in the backgrounds of the next generation of global law firm leaders. The emergence of groups of leading lawyers in major firms who are more ethnically, culturally and linguistically diverse than their predecessors marks a significant further step in the evolution of truly global firms that are not exclusively rooted in the traditions of any one jurisdiction or even any one region. This is a most welcome development.

F. „… but you won't fool the children of the revolution" – Die Rechtsstellung des Verteidigers im heutigen deutschen Strafverfahren

Prof. Dr. Matthias Jahn, Frankfurt a.M. [*]

I. Was *Marc Bolan* mit der Rechtsstellung des Strafverteidigers zu tun hat

Als die T.Rex-Single „Children of the Revolution" im September 1972 die BBC-Charts erreichte, war für einige die Revolution schon in vollem Gange. *Gavin Friday*, später selbst ein bekannter irischer Rockmusiker, erinnerte sich zwei Jahrzehnte später im SPIN-Magazin[1]:

> "I didn't know what rock'n'roll was other than some mystical, rebellious hippie 'word of mouth' vibe. (…) In the summer of 1971, we got TV, and I got T.Rex. (…) I've never seen or heard anything like it. I didn't understand one word, yet I understood everything. Marc Bolan came over like some spaced-out, perverted pixie from a planet called Boogalooo. I was smitten. Yeah, it changed my life. Some 20 years later, T.Rex's music is used to sell Levi's jeans; so much for the 'Children of the Revolution'".

Den letzten Satz mag man mit einem Achselzucken quittieren. Nicht nur in der Welt des Pop ist der Lebenszyklus so mancher Avantgarde in jener Zeile eingraviert, in der *Bolan* seinen späteren Niedergang schon seherisch beschwört: „I drive a rolls royce 'cos it's good for my voice". Müssen Revolutionen also in modernen – zu den Glamrock-Hochzeiten hätte man wohl noch gesagt: spätkapitalistischen – Gesellschaften stets so enden, dass ihre Ideen und Kinder vom „System" gefressen werden, dessen Bemühung als verunklarender Oberbegriff für *Levi's* und *Rolls Royce* hier nachgelassen werden mag? Und, vor allem: Waren nicht T.Rex für den Rock'n'Roll das, was das Sozialistische Anwaltskollektiv[2] für die deutsche Justiz und Anwaltschaft war: Eine Nemesis für zwei Jahrzehnte defizitäre Auseinandersetzung mit dem eigenen Selbstver-

---

[*] Erweiterte und aktualisierte Fassung meines Beitrags zur Ringvorlesung „25 Jahre Bastille-Entscheidungen des Bundesverfassungsgerichts – Quo Vadis Anwaltsmarkt?" am 17.1.2013 an der Gottfried Wilhelm Leibniz-Universität Hannover, der zugleich das Fundament meiner Antrittsvorlesung an der Goethe-Universität Frankfurt v. 22.5.2013 gebildet hat (in stark gekürzter Fassung veröffentlicht in StV 2014, 40). Der Vortragsstil wurde beibehalten. – §§ ohne Gesetzesangabe sind solche der StPO.

[1] In einer Rezension des T.Rex-Best-of-Albums „20th Century Boy", SPIN 2/1993, S. 82.

[2] Zu ihm – aus Sicht eines Beteiligten – *Eschen*, in: Die RAF und der linke Terrorismus, Bd. 2, (Hrsg.) Kraushaar, 2006, S. 957, 960 sowie speziell zur Strafverteidigung *Eschen*, StV 1981, 365. Der programmatische Text („Noch einmal: § 1 BRAO – Bedeutung des Begriffes „Organ der Rechtspflege") aus dem ersten Jahrgang der gerade gegründeten Fachzeitschrift *Strafverteidiger* dürfte für ihr damaliges Selbstverständnis emblematisch sein.

ständnis und, wie später noch zu zeigen sein wird, zeitgemäßer Selbstverwaltung nach dem Krieg.

Diese Fragen habe ich mir gestellt, als ich von den Veranstaltern der Hannoveraner Ringvorlesung und Herausgebern dieses Bandes gebeten wurde, aus Anlass des 25-jährigen Jubiläums der beiden sogenannten Revolutions-Entscheidungen des BVerfG vom Juli 1987 über die strafprozessuale Perspektive des Themas zu sprechen. Über die Rechtsstellung des Verteidigers vor und nach der Revolution des anwaltlichen Berufsrechts durch das Verfassungsgericht sollte ich also referieren – aber was zu sagen war, blieb mir erst einmal unklar. Bis endlich die rettende Assoziation da war: Bastille – Revolution – *Marc Bolan!* Werfen wir also zunächst einen Blick auf die bundesrepublikanische Anwaltslandschaft im September 1972.

II. Zeitreise

Etwa zeitgleich mit dem Erscheinen der Single „Children of the Revolution" in Deutschland ging in einem Westberliner Anwaltsbüro ein Beschluss aus Karlsruhe ein.

1. Von *BGH* NJW 1972, 2140 – Schily I …

Am 25.8.1972 hatte der für Staatsschutzsachen zuständige *3. Strafsenat* dem damaligen Wahlverteidiger von *Gudrun Ensslin* die Verteidigungsbefugnis entzogen. Der *GBA* führte im Rahmen der Aufklärung von Straftaten der „Baader-Meinhof-Gruppe" (wie man die Rote Armee Fraktion damals im Justizbetrieb noch nannte[3]) gegen seine Mandantin ein Ermittlungsverfahren. *Ensslin* hatte dem Rechtsanwalt zwei Monate vorher im Rahmen eines mehrstündigen und unüberwachten Gesprächs in einer Justizvollzugsanstalt schriftlich Strafprozessvollmacht erteilt. Drei Tage später nahm die Polizei *Ulrike Meinhof* fest.[4] Bei ihr fand sich ein Schriftstück, das später als der „Ensslin-Kassiber" berühmt wurde: Zwei DIN A 4-Bögen, die u.a. in verschlüsselter Form Aufträge und Hinweise für die noch in Freiheit lebenden Mitglieder der RAF enthielten. Wie anders als über den Anwalt sollte *Meinhof* in den Besitz dieses Schriftstücks der Inhaftierten gekommen sein, schlussfolgerte der Generalbundesanwalt (Ähnlichkeiten zu Argumentationslinien zur Rechtfertigung der körperlichen Durchsuchung von Strafverteidigern in einem derzeit

---

3 Ein förmlicher Gründungsakt der „Roten Armee Fraktion" fehlt naturgemäß; allgemein wird auf die Veröffentlichung der wohl weitgehend von *Ulrike Meinhof* verfassten Rechtfertigungen der *Baader*-Befreiung im Mai 1970 abgestellt; vgl. dazu *Martin Schmidt*, Die RAF und die Justiz, (Hrsg.) Drecktrah, 2010, S. 45 f.; *Mehlich*, Der Verteidiger in den Strafprozessen gegen die Rote Armee Fraktion, 2012, S. 3 f.

4 Zu den Umständen der Festnahme näher *M. Schmidt*, Die RAF und die Justiz (Fn. 3), S. 51.

laufenden Münchener Staatsschutzverfahren sind nicht rein zufällig). Kurz darauf wurde unser Anwalt antragsgemäß vom BGH-Ermittlungsrichter aus dem Verfahren expediert. Die Begründung:[5] Er sei dringend verdächtig, sich an den Straftaten der Gruppe beteiligt zu haben. Weil er als einziger Besucher Gelegenheit gehabt habe, unbeaufsichtigt mit *Ensslin* zu sprechen, könne der Kassiber nur durch ihn aus der Anstalt geschmuggelt worden sein. Ein derart schwer wiegender Teilnahmeverdacht rechtfertige die Ausschließung des Strafverteidigers vom weiteren Verfahren.

Das klingt intuitiv nicht unplausibel. Sieht man zur Beantwortung der Frage, ob die Bestätigung des Beschlusses des Ermittlungsrichters durch den *3. Strafsenat* rechtens war, in die Strafprozessordnung, ist die Antwort nicht sehr kompliziert. Nach § 138a Abs. 1 Nr. 1 kann der Strafverteidiger bei Konspirationsverdacht aus dem Verfahren ausgeschlossen werden. Wie soll er unbefangen und effektiv dem Mandanten Beistand leisten, wenn er zugleich in eigener Sache tätig ist? Für Staatsschutzverfahren wird die für den Ausschluss notwendige Verdachtsschwelle mit § 138a Abs. 2 noch einmal abgesenkt.[6] Doch wie das „a" hinter der Paragraphenziffer andeutet, fand der Regelungskomplex über die Ausschließung der Verteidigers bis hinauf zu § 138d erst durch das Gesetz zur Ergänzung des Ersten Gesetzes zur Reform des Strafverfahrensrechts den Weg ins Bundesgesetzblatt, und das auch erst mehr als zwei Jahre später, kurz vor Heiligabend 1974. Es handelte sich, wie der damalige Bundesjustizminister später erklären sollte, um die „ersten durch die Terrorismuskriminalität (...) ausgelösten strafverfahrensrechtlichen Änderungen"[7]. Sie waren „erkennbar auf den Fall *Baader-Meinhof* bezogen"[8]. Das blieb nicht ohne Antwort. In zeittypischer Überspitzung wurde vor allem in der linken und linksliberalen Anwaltsszene in Anlehnung an ein Aperçu des Schriftstellers *Peter Schneider* moniert, der Bundesgesetzgeber habe wegen dreier Anwälte gleich die ganze Strafprozessordnung umgeschrieben.[9]

---

5 BGH, NJW 1972, 2140 f.

6 Vgl. LR-StPO/*Lüderssen/Jahn*, 26. Aufl. 2007, § 138a Rn. 104.

7 *Vogel*, NJW 1978, 1217, 1219; zum Ganzen LR/*Lüderssen/Jahn* (Fn. 6), Vorb. § 138a (Gesetzesgeschichte zum 1. StVRergG).

8 *Schmidt-Leichner*, NJW 1975, 417, 420; ebenso *Ulsenheimer*, GA 1975, 103, 114; *Nestler*(-*Tremel*), NStZ 1988, 103, 108. § 138a wurde allerdings nicht in einem sog. Terroristenverfahren zum ersten Mal angewendet, sondern in einem Verfahren vor dem LG Köln, weil der Verteidiger unter dem Verdacht stand, Zeugen beeinflusst zu haben (Fall *Wilpert*). Das OLG Köln (NJW 1975, 459, 460) hat den Antrag abgelehnt. Der Senatsvorsitzende hat in einer persönlichen Bemerkung nach Verkündung der Entscheidung (*Blaise*, AnwBl. 1977, 99) zu einem behutsamen Gebrauch der Neuregelung aufgerufen und Staatsanwälte und Richter davor gewarnt, die § 138a ff. als jederzeit einsetzbares Zuchtmittel gegen Verteidiger zu gebrauchen. Zum Vorstehenden bereits *Jahn*, „Konfliktverteidigung" und Inquisitionsmaxime, 1998, S. 115 f.

9 Siehe *Göddeke*, Die Einschränkung der Strafverteidigung, 1980, S. 9 – die Marburger Dissertation erschien womöglich nicht zufällig bei *Pahl-Rugenstein*.

2. ... zu *BVerfGE* 34, 293 – Schily II

Die Einfügung des § 138a ist auch direkte Folge des im 34. Band der amtlichen Sammlung veröffentlichten Beschlusses des *BVerfG* vom 14.2.1973[10] der, der Intuition zuwider, die Ausschließung des bislang noch namenlosen Wahlverteidigers für unzulässig erklärte. Der Beschluss vom Karlsruher Schlossplatz betraf nicht nur einen Anwalt, sondern – wer konnte damals schon ahnen, wie sich die Dinge entwickeln würden – einen späteren Bundesinnenminister und ging dementsprechend als *„Schily (II)-Beschluss"* in die Geschichte des Gerichts – und dieser Republik – ein. Und das kam so: *Otto Schily* hatte sich, unterstützt von BRAK und DAV, im Verfassungsbeschwerdeverfahren vor allem auf Art. 12 Abs. 1 S. 2 GG berufen und für die Berufsausübungsregelung des Verteidigerausschlusses im Strafverfahren eine parlamentsgesetzliche Grundlage gefordert. Das Bundesministerium der Justiz hatte sich demgegenüber im Wesentlichen mit dem wiederholten Hinweis auf einen vorkonstitutionellen Gewohnheitsrechtssatz des Inhalts begnügt, dass ein schwerwiegender Beteiligungsverdacht nach erschöpfender Sachaufklärung die Entziehung der Verteidigungsbefugnis rechtfertige.[11]

a) Traditionen

Nun konnte sich der Ausschluss des Strafverteidigers ohne gesetzliche Ermächtigungsgrundlage tatsächlich auf eine jahrzehntelange Tradition berufen. Ausgangspunkt war, dass die Frage, ob ein Beschuldigter prozessordnungsgemäß verteidigt ist, seit Reichsgerichtstagen[12] in jeder Lage des Verfahrens von Amts wegen zu prüfen war. Die beiden einschlägigen inhaltlichen Leitentscheidungen waren die *Kaul*-Beschlüsse[13], die uns in ein Milieu entführen, dass von diversen Landesverratsverfahren und einem Verteidiger aus dem Ostteil Deutschlands mit Anwaltszulassung beim (West-)Berliner *KG – Friedrich Karl Kaul –* geprägt wurde. Ein Zeitzeuge[14] hat treffend angemerkt, dass „die Atmosphäre des kalten Krieges, der unglücklichen Teilung Deutschlands, die durch Angeklagte, durch Propaganda oder sonstwie in den Gerichtssaal verpflanzt [wurde]", diese Rechtsprechung erst erklärbar mache. Doch auch dem oben dar-

---

10 BVerfGE 34, 293, 306 – *Hervorh. v. Verf.*: „Das BVerfG verkennt nicht, daß mit diesem Ergebnis ein höchst unbefriedigender Rechtszustand aufgedeckt worden ist, dessen Aufrechterhaltung sich mit dem Interesse an einer geordneten Strafrechtspflege in keiner Weise vereinbaren läßt. *Der Gesetzgeber wird daher die Voraussetzungen des Verteidigerausschlusses in naher Zukunft zu regeln haben.*"

11 Zur Verfahrensgeschichte im Einzelnen BVerfGE 34, 293, 296 ff.

12 Siehe nur RGSt 35, 189, 191 sowie später BGHSt 15, 326, 331, je m.w.N.

13 BGHSt 8, 194, 197 f. – *Kaul I*; BGHSt 15, 326, 328 – *Kaul II* m. zust. Anm. *Kalsbach,* JZ 1961, 593, 594; *Eb. Schmidt,* NJW 1963, 1753, 1755 und abl. Anm. *v. Winterfeld,* NJW 1961, 902, 903 ff. Siehe dazu noch BGHSt 9, 20, 22.

14 *Roesen,* AnwBl. 1957, 174, 180.

gestellten *Schily I*-Beschluss des *BGH*[15] liegen Vorverständnisse und Wertungen zugrunde, die Verteidiger in politischen Strafverfahren ungleich behandelt haben, ohne dass es dafür in jedem Einzelfall einen sachlichen Grund gegeben haben muss. Ganz deutlich wird dies schließlich im *Kontaktsperre*-Urteil aus dem Deutschen Herbst 1977. Dort heißt es wörtlich:[16]

„Der Senat verkennt nicht, daß die Anwaltschaft in der Tat in ihrer weit überwiegenden Mehrheit Mißtrauen nicht verdient und daß die ratio des § 148 StPO sonst eine Vernachlässigung der hier wie überall zu findenden Ausnahmen erlaubt. Im Bereich des Terrorismus lehrt indes die Erfahrung der letzten Jahre, daß auch gegenüber Angehörigen der Anwaltschaft Vorsicht geboten ist".

Vielleicht nicht nur wegen der diesen Sätzen innewohnenden Willkür-Problematik hat niemand geringeres als der frühere Verfassungsrichter *Ernst Wolfgang Böckenförde* der im 27. Band der amtlichen Sammlung veröffentlichten Entscheidung – so wörtlich – „komplette verfassungs- und öffentlichrechtliche Ahnungslosigkeit"[17] attestiert. Das dürfte, auch in der Schärfe des Tons, angemessen sein.[18] Der Entzug des ansonsten gewährten normativen Vertrauensvorschusses für den Verteidiger mag in vielen Fällen ein auslösendes Moment für den Eindruck gewesen sein, ein solcher „Feindprozess" dürfe von allen Seiten mit allen Mitteln geführt werden. Aus dem Gerichtssaal wird damit auch für die Prozessbeteiligten, wie es ein in vielen Jahrzehnten erfahrener Verteidiger in politischen Strafverfahren auf den Punkt gebracht hat, ein „Kampffeld gegenseitigen Terrors"[19]. Dass man beim *BGH* weder in den *Kaul*- noch im *Schily*-Ausschließungsverfahren den Grundsatz vom Vorbehalt des Parlamentsgesetzes zu bemühen und im Kern nicht mehr Begründungsaufwand als den Hinweis auf den preußischen Geist des StPO von 1877 zu betreiben geneigt war, ist angesichts dieser Rahmenbedingungen konsequent, verfassungsrechtlich jedoch bodenlos.

b) *Schily II* als verfassungsdogmatische Blaupause für die Bastille-Beschlüsse des BVerfG

Diesem Spuk bereitete das *BVerfG* mit dem *Schily II*-Beschluss vom Februar 1973 ein jähes und verdientes Ende.[20]

Zwar sei, so ist dort nachzulesen, der Rechtsanwalt nach § 1 BRAO ein unabhängiges Organ der Rechtspflege. Diese Bestimmung enthalte aber

---

15 BGH, NJW 1972, 2140, 2144; siehe Abschn.I.2.a. Dagegen bereits zutr. die Argumentation bei *Knapp*, JuS 1974, 20, 24 und zum Vorstehenden nach Fn. 12 auch schon *Jahn*, „Konfliktverteidigung" (Fn. 8), S. 108 m.w.N.
16 BGHSt 27, 260, 265.
17 *E. W. Böckenförde*, NJW 1978, 1881, 1884 in Fn. 28.
18 Zum Ganzen ausf. *Jahn*, Das Strafrecht des Staatsnotstands, 2004, S. 9 f., 288 f., 311 ff.
19 *Hannover*, KJ 1978, 221, 231; s. dazu *Wolf*, in: Gaier/Wolf/Göcken, Anwaltliches Berufsrecht, 2010, Einl. Rn. 88.
20 BVerfGE 34, 293, 299 ff. m. zust. Anm. *Knapp*, JuS 1974, 20, 23 f.

keinen Eingriffstatbestand für den Fall, dass ein Anwalt ihrem Leitbild nicht entspricht. Dass dieses Leitbild vom Beschluss nicht selbst gezeichnet, sondern der Kreativität des Lesers überantwortet wird, ist zwar an sich Ausdruck klugen judicial self-restraint, hätte aber manches Ehrengerichtsverfahren noch bis in die Zeit der Bastille-Beschlüsse überflüssig gemacht. Zweifelhaft sei jedenfalls bereits, ob grundrechtsbeschränkende Rechtsnormen, die der Richter lediglich unter Berufung auf Sinn, Zweck und Grundgedanken einzelner Gesetzesbestimmungen gewinne, aus dem Leitbild des Verteidigers entwickele und aus seiner Rolle im Strafverfahren ableite, dem Gesetzesvorbehalt des Art. 12 Abs. 1 Satz 2 GG genügten. Der BGH habe zumindest die verfassungsrechtlichen Grenzen verkannt, die Art. 12 Abs. 1 GG unter dem Gesichtspunkt des Rechtsstaatsprinzips der richterlichen Rechtsfortbildung jedenfalls dort ziehe, wo ein Rechtssatz aufgestellt wird, der den Anwalt in seiner beruflichen Tätigkeit als Verteidiger nicht unerheblich beschränke.

Das war, trotz aller Vorsicht der Formulierungen, revolutionär. Der Grundsatz vom Vorbehalt des Gesetzes beantwortet bekanntlich die Frage, „ob" ein Gesetz für den Grundrechtseingriff erforderlich ist und „wie weit" eine gesetzliche Regelung gehen muss.[21] Zum Rechtsstaats- und Demokratieprinzip gehört aber die Verbürgung, dass der Gesetzgeber alle grundlegenden Entscheidungen selbst trifft und nicht der (Exekutive oder) Judikative überlässt.[22] Die Wesentlichkeit einer Entscheidung ist dabei vor allem nach ihrer Relevanz für die Grundrechtsausübung des Grundrechtsträgers zu bestimmen.[23] Diesen Zusammenhang für die Tätigkeit des Verteidigers in Strafsachen konkretisiert und zugleich mit Wirkungsmacht gegen apokryphe Berufungen auf und vage Vorstellungen von vor- und parakonstitutionellen Überzeugungen ausgestattet zu haben, ist das bleibende Verdienst von *Schily II*.

Die Entscheidung schließt mit Sätzen,[24] die es jederzeit – zumal im Rahmen einer Ringvorlesung, die sich auch an junge Juristen adressiert – wert sind, wörtlich in Erinnerung gerufen zu werden. Sie betonen die Bedeutung der Verteidigung für den Mandanten als auch für das rechtsstaatliche Gemeinwesen; darauf wird noch zurückzukommen sein:[25] „Die Entziehung der Verteidigungsbefugnis nimmt dem Beschuldigten den Anwalt seiner Wahl. Zugleich unterwirft sie den Verteidiger einer Maßnahme, die seine Unabhängigkeit als Anwalt in Frage stellt. Damit geht es nicht nur um die Interessen Einzelner, sondern um die Belange der Rechtspflege selbst. Für einen rechtsstaatlich geordneten Strafprozess ist

---

21 BVerfGE 34, 165, 192; 83, 130, 152.
22 BVerfGE 45, 400, 417; 47, 46, 78; 58, 257, 268.
23 BVerfGE 47, 46, 79; 88, 103, 116.
24 BVerfGE 34, 293, 302 f.
25 Unten Abschn. III.3.a.aa.

es von großem Gewicht, daß der Beschuldigte die Möglichkeit hat, von einem Anwalt seines Vertrauens verteidigt zu werden. Von nicht geringerer Bedeutung ist es, daß dieser Anwalt einen freien Beruf ausübt, der staatliche Kontrolle und Bevormundung prinzipiell ausschließt. Das Recht der freien Verteidigerwahl und der seit einem Jahrhundert anerkannte Grundsatz der ‚freien Advokatur' (…) sind wesentliche Voraussetzungen eines Strafverfahrens, in dem der Beschuldigte nicht zum Objekt staatlichen Handelns wird, sondern seine Stellung als Prozeßsubjekt behauptet und die damit verbundenen Rechte auch wirksam zu nutzen vermag."

III. Anknüpfung an und Würdigung der „Revolutionsentscheidungen" des BVerfG zum anwaltlichen Standesrecht für die Strafverteidigung

Von hier führt eine direkte Linie zu den Bastille-Entscheidungen vom 14.7.1987, obgleich *Schily II* im 76. Band merkwürdigerweise nicht mehr ausdrücklich zitiert, sondern bis zum 107. Band der amtlichen Sammlung überhaupt nicht mehr in Bezug genommen wird (danach aber um so öfter und um so einschlägiger).

1. Inhalt der Bastille-Beschlüsse

Das BVerfG[26] betonte in den auf den 198. Jahrestag der Erstürmung der Pariser Bastille datierenden Beschlüssen zunächst, dass die Abwägung, gegenüber welchen Gemeinschaftsinteressen und wie weit das Freiheitsrecht des Art. 12 Abs. 1 GG zurücktreten müsse, in den ureigenen Verantwortungsbereich des parlamentarischen Gesetzgebers falle. Dieser Verantwortung könne er sich nicht beliebig entziehen. Das entspricht dem tragenden Ausspruch zur Wesentlichkeitslehre in *Schily II*, nur dass er hier nicht (direkt) auf die Auslegung und Anwendung der Strafprozessordnung, sondern das anwaltliche Berufsrecht bezogen wird. Gerade die Rechtssetzung durch Berufsverbände könne aber besondere Gefahren für die Betroffenen und die Allgemeinheit mit sich bringen. Zum Nachteil „auch der Außenseiter"[27] könne sie ein Übergewicht von Verbandsinteressen oder ein verengtes Standesdenken begünstigen, das notwendigen Veränderungen und Auflockerungen festgefügter Berufsbilder hinderlich sei. Dies macht sehr deutlich, dass es gerade der Schutz solcher „Außenseiterpositionen" gegen die Mehrheit ist, den Art. 12 Abs. 1 GG bezweckt. In meiner Lesart: Deren evolutionäres – und zuweilen auch revo-

---

26 BVerfGE 76, 171, 184; zur Einordnung – unter Hinweis auf *Schily II* – zutr. *Gaier*, BRAK-Mitt. 2012, 142, 144 f. Siehe zum Nachfolgenden bereits *Jahn*, „Konfliktverteidigung" (Fn. 8), S. 160 f.

27 BVerfGE 76, 171, 185.

lutionäres – Potential dürfe nicht in der öffentlich-rechtlichen Verkammerung ersticken.

Damit gerieten die Richtlinien zur anwaltlichen Berufsausübung unter schweren Beschuss. Sie ruhten nicht auf einer formellen Satzungsermächtigung, sondern nur auf der Ermächtigung in § 177 Abs. 2 Nr. 2 BRAO a.F. Diese wurde früher als eine wesentliche Erkenntnisquelle dafür angesehen, was im Einzelfall nach der Auffassung angesehener und erfahrener Standesgenossen der Meinung aller anständig und gerecht denkenden Anwälte und der Würde des Standes entspreche. Insbesondere könnten sie als Hilfsmittel dienen, wenn die Generalklausel des § 43 BRAO durch Auslegung zu konkretisieren sei. An dieser Beurteilung der Standesrichtlinien wurde nun jedoch mit Recht – und jahrzehntelanger Verspätung – nicht mehr festgehalten. Würde ihnen, so der *Senat*, weitergehende rechtserhebliche Funktion beigelegt, dann begegne dies verfassungsrechtlichen Bedenken. Ihre Charakterisierung als Hilfsmittel für die Konkretisierung der Generalklausel, die Art und Weise ihres Zustandekommens und nicht zuletzt ihre normähnliche Formulierung als Gebote und Verbote erhöhten die ohnehin bestehende Schwierigkeit, sie anders denn als gültige Verhaltensmaßstäbe einzuordnen. Würden sie als bloßer Niederschlag vorhandener Standesauffassungen verstanden, könnten sie weder Rechtsklarheit noch Rechtssicherheit bewirken. Vor allem seien sie in ihrer Immobilität ungeeignet, auf umstrittenen Gebieten Lösungen herbeizuführen oder das überlieferte Standesrecht entsprechend den veränderten politischen, wirtschaftlichen und sozialen Bedingungen rechtsgestaltend fortzuentwickeln und an abweichende Vorstellungen anzugleichen.[28] Deshalb unterliege die durch den Grundsatz der freien Advokatur gekennzeichnete anwaltliche Berufsausübung unter der Herrschaft des Grundgesetzes der freien und unreglementierten Selbstbestimmung des einzelnen. Die deklaratorische Feststellung einer vorhandenen communis opinio könne nicht – ebenso wenig wie nachkonstitutionelles Gewohnheitsrecht – Regelung i.S.d. Art. 12 Abs. 1 GG sein, und zwar um so weniger, wenn dabei lediglich auf die Meinung angesehener und erfahrener Standesgenossen abgestellt werde. Mit dieser vom Gericht missbilligten Erstarrung des Berufsrechts ergeben sich gleichzeitig neue Perspektiven auf die verfassungsrechtlichen Zusammenhänge des Rechts der Strafverteidigung.[29]

---

28 So bereits *Hamann*, AnwBl. 1962, 166 f.; zum Vorstehenden siehe auch schon *Jahn*, „Konfliktverteidigung" (Fn. 8), S. 161.

29 Würdigungen der Entscheidungen aus Sicht anderer Fachsäulen finden sich aus Anlass des 25-jährigen Jubiläums bei *Singer*, BRAK-Mitt. 2012, 145, 147 ff. und *G. Hettinger*, Mitt. RAK München 2/2012, 15 ff. Eine Einschätzung zum inhaltlichen Beitrag von *Michael Kleine-Cosack*, dem Prozessbevollmächtigten eines der Beschwerdeführer, liefern *Rath*, AnwBl. 2012, 610 f. und *Kirchberg*, BRAK-Mitt. 2009, 95 97.

2. Das „Marktparadigma": Strafverteidiger als Dienstleister am Mandanten

Es war unvermeidlich, dass diese Entscheidungen von den Trägern des Berufsrechts in weitem Maße als Eingriff in die berufsständische Selbstverwaltung angesehen wurden. Innerhalb der berufsständischen Organisationen hatte man vorher im Grunde geglaubt, über einen rechtsfreien Raum freihändig verfügen zu können.[30] Das Vehikel war das als jeweils herrschend definierte Standesethos, das über die Regelung des § 43 BRAO zu positivem Recht gerinnen konnte. Doch ein konsistenter „Stand" existierte aufgrund der Diversifikation und Spezialisierung der Berufsträger innerhalb der Rechtsanwaltschaft schon vor einem Vierteljahrhundert kaum mehr,[31] und erst recht gibt es ihn heute nicht. Das gilt gerade für die Strafverteidigung.[32] Hier begegnen uns – es ist klar, dass ich um der Anschaulichkeit Willen überzeichne –

- Hartz IV-Aufstocker, für die die bösen Worte vom „Geständnishelfer", dem „verurteilungsbegleitenden Rechtsanwalt" und das Berufsbild „Beiordnungsprostitution" erfunden wurden,[33]

- großstädtische Gewohnheitsverteidiger robusterer Gangart, die die von der Justiz für sie reservierte Bezeichnung als „Konfliktverteidiger" als Ehrentitel empfinden,

- große Verteidigerpersönlichkeiten, die allein für die Prüfung der Frage nach der Mandatsannahme einen verlorenen Zuschuss im fünfstelligen Eurobereich fordern (sog. „Duschgeld", benannt nach dem Ort, an dem über diese Frage in Ruhe sinniert werden kann)

- und Unternehmensverteidiger, die als Boutiquenanbieter in vieltausendköpfige globalisierte law firms integriert sind und die einen Gerichtssaal kaum noch vom Hörensagen kennen, dafür aber Internal Investigations nach Art eines privaten Ermittlungsverfahrens zu führen wissen, teilweise mit Budgets, die sich in Bruchteilen des Umfangs eines Landesjustizhaushalts sinnvoll darstellen lassen.[34]

Das unrühmliche Ende des hergebrachten Standesrechts hat damit auch in der Strafverteidigung eine Entwicklung eingeläutet, die noch immer im Fluss ist.[35] Vom Verteidiger wird unter den Rahmenbedingungen sich beständig modernisierender rechtlicher Rahmenbedingungen – *Christian*

---

30 *Redeker*, NJW 1995, 1241, 1244; siehe zum Nachfolgenden auch *Jahn*, „Konfliktverteidigung" (Fn. 8), S. 161 f.

31 Siehe schon *Ostler*, NJW 1987, 281, 289.

32 Siehe schon die Andeutungen bei *Mützelburg*, FS Dünnebier, 1982, S. 277, 279; AK-StPO/*Stern*, 1992, Vorb. § 137 Rn. 107.

33 Nachw. bei *Jahn*, FS Rissing-van Saan, 2011, 275, 289; LR/*Lüderssen/Jahn*, Nachtr. 26. Aufl. 2014, § 141 Rn. 9.

34 Nachw. bei *Jahn*, ZWH 2012, 477, 480.

35 Siehe *Jahn/Palm*, AnwBl. 2011, 613; LR/*Lüderssen/Jahn* (Fn. 6), Vorb. § 137 Rn. 103, aber auch schon *Lüderssen*, FS Dünnebier (Fn. 32), 1982, 263 f. und *Hassemer*, ZRP 1980, 326, 328.

Wolf[36] spricht anschaulich vom „Marktparadigma" des anwaltlichen Berufsrechts – Kundenorientierung und striktes Qualitätsmanagement gefordert. Maß aller Dinge sind dabei die Bedürfnisse des Mandanten.[37] Aus ihnen ergibt sich der entscheidende Qualitätsmaßstab für anwaltliche best practise. Diese Leistungsmerkmale fordern vom Anwalt entsprechende organisatorische Vorkehrungen bis hin zur denkbaren Wahl der Rechtsform seines Unternehmens als Strafverteidiger-GmbH, -AG oder -LLP (noch?) nicht aber als GmbH & Co. KG.

Die Verwendung des Begriffs Organ der Rechtspflege dient hier vornehmlich der verbalen Abfederung der Tatsache, dass Strafverteidiger vielfach mittelständische Dienstleistungen oder Dienstleistungen für den Mittelstand anbieten. *Zuck* hat das unlängst pointiert zusammengefasst: „Der Anwalt erbringt zur Verwirklichung des Rechtsstaats seine professionelle Leistung und damit dient er vor allem seinem Auftraggeber und ist eben nicht nur bloßer Interessenvertreter"[38].

IV. Konsequenzen für die Rechtsstellung des Strafverteidigers im deutschen Strafverfahren

Dass diese durch die Rechtsprechung des BVerfG zwischen *Schily II* und *Bastille* vorbereitete Entwicklung für das Verständnis der Rechtsstellung des Strafverteidigers im deutschen Strafverfahren folgenlos bleiben könnte, liegt fern. Dass die notwendigen Folgerungen nicht allerorten gezogen werden, ist aber leider ebenso zu konstatieren.[39]

Die Debatte ist durch danach in den Blick gerückte Konflikte lebhafter geworden.[40] Es handelt sich vor allem um aufsehenerregende Fälle einer möglichen Verletzung der Wahrheitspflicht des Verteidigers, ferner um das Problem der Entgegennahme von Honoraren, die formell den Straftatbestand der Geldwäsche erfüllen und schließlich um die allmähliche Zunahme von Zivilprozessen, in denen Verteidiger wegen schlechter Prozessführung auf Schadensersatz verklagt werden. Dazu tritt die schwelende, von Zeit zu Zeit an Hand spektakulärer Einzelfälle aufflammende Kontroverse um Inhalt und Berechtigung des Vorwurfs an Rechtsanwälte, sie würden ihre Rechte missbrauchen und betrieben „Konfliktverteidigung", die – jedenfalls auf den ersten Blick – scharf mit dem Vorwurf kontrastiert, die zunehmende Konsensorientierung des Strafverfahrens mit dem Höhepunkt des Verständigungsgesetzes vom 4.8.2009 stelle

---

36 *Wolf*, in: Gaier/Wolf/Göcken (Fn. 19), Einl. Rn. 109 ff.
37 Vgl. *Streck*, AnwBl. 1996, 57, 62; *Andreas Krämer*, NJW 1996, 2354, 2355; *Haverkate*, JuS 1996, 478, 479.
38 *Zuck*, NJW 2013, 1582, 1583. I.d.S. auch bereits *Redeker*, NJW 1987, 2610, 2612; *R. Schröder*, KJ 1986, 140, 142; *Jahn*, „Konfliktverteidigung" (Fn. 8), S. 165.
39 Siehe dazu und zum Nachfolgenden schon die Versuche bei *Jahn*, „Konfliktverteidigung" (Fn. 8), S. 169 f.
40 Zusf. zum Stand der Diskussion LR-*Lüderssen/Jahn* (Fn. 6), Vorb. § 137 Rn. 1.

streitbare Verteidigung in Frage. Dazu kommt, als eine weitere, sich immer noch nicht ganz deutlich abzeichnende Entwicklungslinie, die Europäisierung des gesamten Strafverfahrensrechts – mit allen Konsequenzen für die Strafverteidigung.

1. Modernes Verständnis der Freiheit der Advokatur und verfassungsrechtliche Absicherung des Vertragsparadigmas der Strafverteidigung

Das *BVerfG* hat seit *Schily II*[41] und den beiden Bastille-Beschlüssen[42] insbesondere in den strafprozessualen Leitentscheidungen zur Geldwäsche durch Strafverteidiger[43] und zur Durchsuchung des elektronischen Datenbestandes einer Anwaltskanzlei im Rahmen eines Ermittlungsverfahrens[44] die fundamentale Bedeutung der freien Advokatur gegenüber staatlicher Kontrolle und Bevormundung betont und die in den 1970er Jahren etablierten Grundsätze adressiert. Nach überwiegend[45] vertretener Konkretisierung bedeutet Freiheit der Advokatur eine Trias von Verbürgungen: Staatsunabhängigkeit, Unabhängigkeit vom Mandanten und Gesellschaftsunabhängigkeit. Richtig daran ist sicherlich, dass die Tätigkeit des Verteidigers als institutionelle Garantie unter dem Grundgesetz staatsfrei zu sein hat. Auch die herausragende Bedeutung der Strafverteidigung für die Gesellschaft macht sie nicht von ihr abhängig. Indes ist die Postulation der Unabhängigkeit vom Mandanten empirisch wie auch normativ nicht haltbar. Denn Unabhängigkeit im Wortsinn bedeutet Freiheit von individuellen Anordnungen und der Ausschluss von Weisungen. Dies ist für den Verteidiger schon im Innenverhältnis zu seinem Mandanten offensichtlich nicht der Fall, wie die §§ 675, 665 BGB belegen. Unter den eben dargestellten[46] berufspolitischen und ökonomischen Rahmenbedingungen kommt es einer contra legem-Fiktion gleich, die Unabhängigkeit des Verteidigers vom Mandanten zu postulieren oder jedenfalls zu fordern. Diese Dimension heutiger professioneller Rechtsberatung spricht aber für ein Verständnis der freien Advokatur, die die Akzessorietät der Stellung des Verteidigers zum Mandanten in den Vordergrund ihrer Betrachtung zu stellen hat. Die Unabhängigkeit vom Mandanten kann dabei nur insoweit bestehen, wie Unabhängigkeit von der Gesellschaft generell besteht. Tatsächlich hat sich aber die Gesellschaft entsprechende Normen gegeben, denn die zivilrechtlichen Vorschriften der §§ 134, 138, 276 BGB geben an, wie weit die Abhängigkeit des Verteidigers von seinem Mandanten gehen

---

41 BVerfGE 34, 293, 302.

42 BVerfGE 76, 171, 180, 188.

43 BVerfGE 110, 226, 251. Siehe dazu SSW-StGB/*Jahn*, 2. Aufl. 2014, § 261 Rn. 55 ff.; *Jahn/Ebner*, JuS 2009, 507, 601 f.; LR/*Lüderssen/Jahn*, Vorb. § 137 Rn. 116 ff.

44 BVerfGE 113, 29, 55; dazu *Jahn*, ZIS 2011, 453, 458.

45 *Singer*, BRAK-Mitt. 2012, 145, 151 f.; *Kirchberg*, BRAK-Mitt. 2009, 95 f.; *Prütting*, AnwBl. 1994, 315, 317 f.; *Pfeiffer*, BRAK-Mitt. 1987, 102, 103 f.; *Habscheid*, NJW 1962, 1985, 1989; *Kalsbach*, JZ 1961, 593, 594.

46 Abschn. II.3.b.

darf, wann also Weisungen wegen Verstoßes gegen Gesetze, die in der Wertordnung der Verfassung konkretisierten guten Sitten oder die Regeln professionellen Handelns unbeachtlich sind. Freiheit der Advokatur bedeutet daher entgegen heute immer noch h.M. nur Staats- und Gesellschaftsunabhängigkeit, nicht aber Unabhängigkeit vom Mandanten.[47]

2. Die (unbeirrte) herrschende Meinung im Strafverfahrensrecht

a) Organ-, Doppelstellungstheorie und abgeschwächte Varianten

Im strafprozessualen Schrifttum werden die notwendigen Konsequenzen aus jenem verfassungsrechtlich unterlegten Verständnis des Wesens der Strafverteidigung – insoweit immerhin konsequent – noch zu selten gezogen. Das zeigt die folgende Übersicht:

Theorie	Begründung	Prozessuale Konsequenz
Organtheorien	**Streng** (*ält. Rspr.*): „*Organ der Rechtspflege*", § 1 BRAO	Unbedingte Verpflichtung auf staatliches Verfahrensziel „Wahrheit und Gerechtigkeit" (schon Verteidigung des „schuldigen" Angeklagten problematisch)
	Abgeschwächt (*Beulke*): Verpflichtung nur auf Kernbereich der Strafrechtspflege	Stets Abwägung zwischen öffentlichen und privaten Interessen
Doppelstellungstheorie	Beistandsfunktion (§ 137 Abs. 1 S. 1) nur begrenzt durch § 1 BRAO als „*Garant der Unschuldsvermutung*" (*Claus Roxin*)	U.a. Verbot der „Trübung von Beweisquellen" und Lügeverbot i.R.d. § 203 StGB („*Alles, was der Verteidiger sagt, muß wahr sein, aber er darf nicht alles sagen, was wahr ist*" [*Dahs*])
Vertragstheorie	An Weisungen grundsätzlich gebundener Vertragspartner; Grenzen: §§ 675, 611 BGB i.V.m. – § 134 BGB (→ StGB) – § 138 BGB (→ Art. 12 GG in mittelbarer Drittwirkung) – § 276 BGB (→ „sicherster Weg")	Keinerlei unmittelbare Verpflichtung auf öffentliche Interessen
Reine Interessenvertretertheorien	„Soziale Gegenmacht" (*Holtfort*)	Nur (ggf. heteronom definierte) Mandanteninteressen
	Sonstige	Lügerecht

---

[47] *Jahn*, ZWH 2012, 477, 480; LR/*Lüderssen/Jahn* (Fn. 6), Vorb. § 137 Rn. 66; zutr. unlängst *Zuck*, NJW 2012, 1681, 1682: „Nie sollte man (...) vergessen, dass der Anwalt nicht antritt, um dem Klienten Expertenwissen überzustülpen. Er dient dem Klienten, indem er hinter ihm steht, nicht vor ihm".

Die ältere Rechtsprechung der damaligen Ehrengerichte[48] ging noch bis zu der durch die 1968er Jahre bewirkte Zäsur davon aus, dass der Verteidiger in seinem Prozessverhalten auch unmittelbar auf die Achtung der Würde der Gerichte und das Vertrauen der Bevölkerung in die Rechtspflege verpflichtet sei. Diese Extremposition ist zwar heute überholt. Ihre Derivate halten sich aber hartnäckig, nur die Terminologie ist feiner. Ende der 1950er Jahre wurde eine konsensfähige Standortbestimmung von *Hans Dahs sen.*[49] noch in dem Satz zusammengefasst, der Verteidiger sei „kein Widersacher des Rechts, sondern sein Diener". Gleichsinnig, aber zumindest den Anschluss an die Judikatur des Verfassungsgerichts suchend, wird heute formuliert, der Verteidiger sei Teilhaber, nicht aber Gegner einer funktionstüchtigen Strafrechtspflege.[50] Dem hier vertretenen, verfassungsrechtlich begründeten Vertragsprinzip steht damit die in Rechtsprechung[51] – bedauerlicherweise auch derjenigen des BVerfG[52] – und Schrifttum[53] herrschende Position gegenüber, nach der der Verteidiger vornehmlich Organ der Rechtspflege sei. Er dürfe danach grundsätzlich alles tun, was in gesetzlich nicht zu beanstandender Weise seinem Mandanten nütze, sei aber auf die staatlichen Verfahrensziele Wahrheit und Gerechtigkeit unbedingt verpflichtet. Der Verteidiger solle dabei im Verfahren eine Garantenstellung vor allem für die Unschuldsvermutung innehaben.[54]

---

48 BayEGH EGE II, 175, 177 und EGE II, 128, 131: „Richter und Anwälte sind Organe der Rechtspflege und auf gegenseitige Achtung und gegenseitiges Vertrauen angewiesen. Setzt ein Mitglied des Anwaltsstandes ein Mitglied des Richterstandes herab und umgekehrt, so schadet er seinem eigenen wie dem anderen Stande und untergräbt das Vertrauen des Volkes in die Rechtspflege schlechthin, auf das beide Teile angewiesen sind".

49 *Dahs sen.*, AnwBl. 1959, 171, 174; vgl. auch RGZ 142, 70, 74 („Walter des Rechts"); BGHSt 2, 375, 377 („Diener am Recht"). Den Übergang zur Funktionstüchtigkeits-Formel vollzieht BayObLG NJW 1988, 3026, 3027 („Diener der Rechtspflege"). Zum Ganzen – m.w.N. – bereits *Jahn*, „Konfliktverteidigung" (Fn. 8), S. 173.

50 OLG Hamburg NJW 1998, 621, 622; *Senge*, NStZ 2002, 225, 227; *Maatz*, NStZ 1992, 513 f. Weitere Nachw. bei Widmaier-MAH Strafverteidigung/*Salditt*, 2006, § 1 Rn. 24.

51 BGHSt 46, 37, 44 m. Anm. *Streng*, JZ 2001, 205; BGHSt 46, 53, 55 m. abl. Anm. *Scheffler*, JR 2001, 294; BGHSt 38, 345, 347. Übersichtliche Zusammenstellung der Leitaussagen der Rechtsprechung bei Volk-MAH Wirtschafts- und Steuerstrafsachen/*Knierim*, 2006, § 7 Rn. 10.

52 BVerfGE 113, 29, 49; aus der umfangreichen Kammerjudikatur etwa BVerfG (*1. Kammer des 1. Senats*), NJW 2006, 1500, 1501; BVerfG (*1. Kammer des 1. Senats*), NJW 2001, 1261, 1261.

53 Widmaier-MAH Strafverteidigung/*Eckhart Müller* (Fn. 50), § 55 Rn. 2; *Hilgendorf*, GS Schlüchter, 2002, S. 497, 498 ff. Weitere Nachw. bei *Bosch*, Jura 2012, 938 f.; Radtke/Hohmann-StPO/*Reinhart*, 2011, § 137 Rn. 2; KK-StPO/*Laufhütte*, Vorb. § 137 Rn. 5.

54 *Roxin/Schünemann*, Strafverfahrensrecht, 27. Aufl. 2012, § 19 Rn. 1.

Hingegen erfülle ein Prozessverhalten, das nicht mehr der Wahrnehmung der berechtigten Verteidigungsinteressen diene, zugleich nicht mehr das Mindestmaß an Kooperationsbereitschaft, das nach den Vorstellungen des Gesetzes unerlässlich sei.[55]

Die entscheidende Konsequenz dieser Auffassung ist, dass der Verteidiger aus eigenem Recht tätig wird oder doch jedenfalls eine Reihe genuin eigener Rechte hat, und zwar auch dann, wenn man der als „abgeschwächte" oder „eingeschränkte" Organtheorie bezeichneten Auffassung von *Beulke*[56] folgt, nach der die Organschaft des Verteidigers ausschließlich im insofern obrigkeitlich-paternalistisch wahrgenommenen Beschuldigteninteresse geschaffen sei.

b) Stellungnahme

Das pro und contra dieser Einordnung ist in der Literatur ausgiebig erörtert worden. Vielfach – aus nahe liegenden Gründen vor allem in der Praxisliteratur zur Verteidigung – wird daraus sogar der Schluss gezogen, dass der Streit im Ganzen unfruchtbar sei. Das ist als sozialwissenschaftliche Analyse einer seit wenigstens vierzig Jahre anhaltenden Großdebatte zwar richtig, lässt aber die prinzipielle Relevanz der Beantwortung dieser Ewigkeitsfrage für die Entscheidung ungezählter Einzelfragen nicht entfallen.[57]

Gesagt sei nur soviel: § 1 BRAO kann fast jeder Sinn und Zweck zugeschrieben werden. Da der Begriff kurz und dunkel ist, „läßt sich der Begriff auch für fast alle Begründungen mobilisieren"[58]. Wenn *Holtfort*[59] § 1 BRAO als Anweisung verstanden hat, den Bürger durch Mobilisierung sozialer Gegenmacht vor Übergriffen der Justiz zu schützen, und *Stroebele*[60] denselben Begriff für das Selbstverständnis der Verteidiger im Strafverfahren gegen die RAF ausdrücklich akzeptiert, wird dies hinlänglich illustriert. Akzeptiert man hingegen die latent paternalistische Auslegung des Organbegriffes durch die heute h.M. – der Strafverteidiger, so ein geläufiges Bild, bestimmt als Kapitän den Kurs auf einem Dampfer,

---

55 *Löchner*, FS Rebmann, 1989, S. 303, 315; *Römer*, FS Schmidt-Leichner, 1977, S. 133, 139; *Müller-Dietz*, ZStW 43 (1981), 1177, 1215.

56 *Beulke*, FS Roxin, 2001, S. 1173, 1175 ff.; OLG Frankfurt, NStZ 1981, 144, 145. Zu beiden Nachweisen *Eckhart Müller*, Strafverteidigung – Grundlagen und Stolpersteine, (Hrsg.) Engländer/Fahl/Satzger/Swoboda, 2012, S. 7 ff.

57 Siehe bereits LR/*Lüderssen/Jahn* (Fn. 6), Vorb. § 137 Rn. 90; siehe zur Einordnung auch *Jahn/Ebner*, NJW 2012, 30, 31.

58 *Redeker*, NJW 1987, 2610, 2612.

59 *Holtfort*, KJ 1977, 313, 316.

60 *Stroebele*, Politische Prozesse ohne Verteidigung?, (Hrsg.) Dreßen, 1976, S. 41 ff., 54: „So gesehen sind die Verteidiger im Verfahren gegen die RAF ,Organe der Rechtspflege'. Organe, die Sinngehalt und Inhalt der Menschenrechtsgarantien ernst nehmen, die unter allen Umständen auf Anwendung der Grund- und Menschenrechte für jeden bestehen".

auf dem ihn der Mandant in der Rolle des Schiffsjungen begleiten darf[61], ist für die autonome Rechtsstellung des Beschuldigten nichts gewonnen. Die Position des Verteidigers als „Organ der Rechtspflege" und seine Seriosität, sagen andere, schaffe überhaupt erst die Grundlage für eine Reihe wichtiger Rechte des Verteidigers im Strafprozess. Das freilich ist schon deshalb historisch uninformiert und inhaltlich irreführend, weil die meisten dieser Rechte in der StPO schon zu einer Zeit vorgesehen waren, als vor 1883 noch nicht einmal die Ehrengerichte behauptet hatten, der Verteidiger sei ein Organ der Rechtspflege.[62] Umgekehrt treibt der Gedanke, auch der Verteidiger habe einen staatlich gebundenen Vertrauensberuf inne, in seiner Anwendung in der Praxis mitunter seltsame Blüten. Es mag an dieser Stelle der Hinweis genügen, dass selbst *Karl Peters*, einer der großen Kenner des deutschen Strafprozessrechts in dem noch Mitte der 1980er Jahre umfangreichsten Lehrbuch zu diesem Rechtsgebiet ernsthaft erwogen hat, der Strafverteidiger müsse, wenn er in den Verdacht der Strafverteilung gerate, wegen einer Tat nach § 258a StGB – Strafvereitelung im Amt – verfolgt werden.[63] Diese skurrile Überlegung zeigt, welche unsichere Hypothek für die Freiheitsrechte des Verteidigers und seines Mandanten die herrschende Meinung bedeutet. Für die Behandlung der abgeschwächten Organtheorie sind damit die wesentlichen Gegenargumente benannt. Sie mag im Ergebnis praktikabel sein. Ob sie vor dem Grundgesetz Bestand hat, ist eine ganz andere Frage.

Der vor den Bastille-Entscheidungen im strafprozessualen Schrifttum noch offen befürworteten Lesart[64] des § 1 BRAO als pflichtenbegründender Norm ist also auch in ihrer subkutanen Variante durch die die Etablierung von angeblichen Vorverständnissen der StPO zum Verteidigerleitbild nicht zu folgen. Aus verfassungsrechtlicher Sicht ist bereits 1971 von *Roman Herzog*[65] und – ihm der Sache nach folgend – dann von *Rena-*

---

61 Das Bild wird explizit in dem (heute vergriffenen) Werk von *Elmar Müller*, Strafverteidigung im Überblick, 1989, S. 7.

62 Zur umstrittenen Entstehungsgeschichte des Begriffs knapp *Eckhart Müller*, Mitt. RAK München 2004, 64. Selbst kritische Sympathisanten gestehen heute unumwunden zu: „Der Begriff (Organ der Rechtspflege – d. Verf.) als solcher, also seine Semantik, ist veraltet. Er verweist recht eindeutig in vordemokratische Zeiten" (*Eckertz-Höfer*, NJW 2013, 1580).

63 *Peters*, Strafprozess, 4. Aufl. 1985, § 29 V (S. 242). Dagegen *Krekeler*, NStZ 1989, 146; SSW-StGB/*Jahn* (Fn. 43), § 258 Rn. 4.

64 *Kuckuk*, NJW 1980, 298; *Seelmann*, NJW 1979, 1128, 1130. Exemplarisch ist hier die Diskussion um die Rekonstruktion außer Kontrolle geratener Akten. Entgegen der aus § 1 BRAO begründeten Auffassung von *Rösmann*, NStZ 1983, 446, 447 würde der Zwang des Verteidigers, seine Aktenfotokopien dem Staatsanwalt zu überlassen, in jedem Einzelfall das Vertrauensverhältnis zum Mandanten zerstören. Außerdem wäre ohne Grund ein Beschuldigter besser gestellt, der noch keinen Verteidiger mandatiert hat, vgl. *Jahn/Lips*, StraFo 2004, 229, 230 ff.

65 Maunz/Dürig-GG/*Herzog* (Stand: 46. Lfg. 3/2006), Art. 92 Rn. 98.

te Jaeger[66] im Einzelnen entwickelt worden, dass § 1 BRAO teleologisch so weit reduziert werden muss, dass der Vorschrift zumindest kein grundrechtsbeschränkender Gehalt mehr zukommt. Das gilt auch und gerade für die Grundrechte des Strafverteidigers.

V. Konkretisierungen: Der Diskussionsentwurf zur Reformulierung der „Thesen zur Strafverteidigung" für das 21. Jahrhundert

1. Grundlinien einer (möglicherweise) konsensfähigen Beschreibung der Rechtsstellung des Strafverteidigers

Angesichts der Diskussionslage scheint es nicht aussichtsreich, den skizzierten Streitstand um die Rechtsstellung des Strafverteidigers im deutschen Strafverfahren durch die Anführung weitere Argumente pro und contra anzureichern.[67] Ich will einen anderen Versuch unternehmen, nämlich zwei (mit allen Vorbehalten: möglicherweise) konsensfähige Thesen zur Strafverteidigung vorstellen.

Was ist der Hintergrund dieses Unternehmens?

a) Die Reformulierung der Thesen zur Strafverteidigung des Strafrechtsausschusses der Bundesrechtsanwaltskammer aus dem Jahr 1992

Bereits anlässlich der 198. Tagung am 29./30.6.2007 in Görlitz hatte der Strafrechtsausschuss der Bundesrechtsanwaltskammer (Strauda) beschlossen, den Modernisierungsbedarf seiner damals schon 15 Jahre alten Thesen zur Strafverteidigung[68] zu überprüfen und dort, wo eine Überarbeitung notwendig erschien, einzugreifen.[69] Auf der nachfolgenden Tagung im Oktober 2007 wurden Arbeitsgruppen eingesetzt, die die Diskussion des Änderungsbedarfs der insgesamt 64 Thesen strukturieren sollten. Die Allgemeinen Grundsätze dieser Thesen – sie wurden schlagwortartig auch als „Selbstverständnis der Verteidigung" charakterisiert –

---

66 *R. Jaeger*, NJW 2004, 1, 2 ff.; vgl. auch schon *dies.*, AnwBl. 2000, 475, 476 ff. sowie dazu *Eckhart Müller*, NJW 2009, 3745, 3749. Im Ergebnis ebenso Widmaier-MAH Strafverteidigung/*Salditt* (Fn. 50), § 1 Rn. 53 ff.; HbFAStrafR/*Köllner*, 5. Aufl. 2012, Teil 1 Rn. 44; *Busse*, AnwBl. 1998, 231, 232; *Hartmut Schneider*, Jura 1989, 343, 346; *Redeker*, NJW 1987, 2610, 2612; *Spindler*, FS Streck, 2011, S. 417, 421; *Mehle*, FS Koch, 1989, S. 179, 183.

67 Siehe dazu ausf. LR/*Lüderssen/Jahn* (Fn. 6), Vorb. § 137 Rn. 33 ff., 89 ff.; *Jahn*, „Konfliktverteidigung" (Fn. 8), S. 155 ff.

68 *Strafrechtsausschuß der Bundesrechtsanwaltskammer*, Thesen zur Strafverteidigung (im Folgenden nur: *Thesen*), 1992 (vergriffen, aber im Volltext downloadbar unter www.brak.de/w/files/01_ueber_die_brak/thesen-zur-strafverteidi gung-band-8.pdf [abgerufen am 25.7.2014]). Siehe zu den *Thesen* im Kontext der Generalthemen des Ausschusses zunächst *Rieß*, FS Strauda, 2006, S. 49, 66 f., 74.

69 Schreiben des damaligen Vorsitzenden *Gunter Widmaier* v. 25.6.2007 (RS-Nr. 148/2007).

sollten vom Vorsitzenden *Alexander Ignor* und *Verf.* als ständigem Strauda-Gast vorbereitet werden.[70]

Mit diesen Beschlüssen hatte der Ausschuss einen neuen – und gleichzeitig alten – Gegenstand auf seine Agenda gesetzt. Bedenkt man, wie *Dippel* in seiner Gesamtdarstellung der Strauda-Generalthemen mit Recht hervorhebt, dass die Frage nach der Stellung und der Funktion des Verteidigers im Strafverfahren „dem ureigensten Metier seiner *Mitglieder*"[71] zugehörig ist und zentrale Bedeutung nicht nur für den Ausschuss, sondern auch seine Wirkung nach außen hat, erhob sich zunächst die Kardinalfrage jeder praktischen juristischen Tätigkeit: Gehört das überhaupt in *meine* Zuständigkeit? Das hängt von der Aufgabe ab. Sie ist für einen Ständigen Gast – zum Glück! – nicht klar umschrieben. *Rieß*[72] belässt es bei dem etwas amorphen Begriff der „Mitwirkung" bei den Beratungen. Das klingt materiell-strafrechtlich nach Beihilfe durch psychisches Fördern – und ist ein zweites Glück, denn hier muss, ja *darf* die Haupttat nicht die Eigene werden. Denn anders als *Rieß*[73], der vor fast drei Jahrzehnten mit einer wohl vergleichbaren Aufgabenstellung konfrontiert war,[74] gehöre ich nach dem vorstehend Gesagten[75] ersichtlich nicht zu den Anhängern einer der Unterspielarten der Organtheorie.

Die vorläufigen Arbeitsergebnisse dieses Unterausschusses, die auf zahlreichen Folgesitzungen in den vergangenen sechs Jahren fixiert wurden, möchte ich nun skizzieren. Dies bedarf noch einer kurzen methodischen Vorrede. Ich selbst vertrete, wie soeben aufgezeigt,[76] mit einer verfassungsrechtlich orientierten Variante der Vertragstheorie eine Konzeption, die im wissenschaftlichen Schrifttum mit dem etwas unfreundlich klin-

---

70 Protokoll der 199. Strauda-Tagung v. 19.-20.10.2007 in Bad Kreuznach (RS-Nr. 126/2008), S. 16. Zum Vorverständnis des Co-Autors *Ignor*, FS Schlüchter, 1998, S. 39 ff.; *Danckert/Ignor*, in: Grundlagen der Strafverteidigung, (Hrsg.) Ziegert, 2000, S. 15 ff.

71 *Dippel*, FS Strauda (Fn. 68), 3, 29 f. – *Hervorh. v. Verf.*

72 *Rieß*, FS Strauda (Fn. 68), S. 49, 74.

73 Die von ihm (LR/*Rieß*, 25. Aufl. 1997–2005, Einl. I Rn. 109 f.) vertretene Variante bezeichnet er als formale Organtheorie: „Sie (die Organtheorie – d. *Verf.*) bedarf freilich einer näheren und sie präzisierenden inhaltlichen Begrenzung. Aus ihr dürfen vor allem nicht, wie teilweise in der Vergangenheit und ansatzweise noch heute von einem Teil ihrer Vertreter, Konsequenzen gezogen werden, die mit ihr nicht notwendig verbunden sind, sondern die lediglich die Bezeichnung nahelegt (...)". Näher zur Einordnung LR-*Lüderssen/Jahn* (Fn. 6), Vorb. § 137 Rn. 89 Fn. 258.

74 Vgl. *Rieß*, Leitaussagen über Stellung und Funktion des Verteidigers im geltenden Recht (RS-Nr. 3/81). Das Papier entstand im Kontext des Generalthemas „Stellung und Funktion des Strafverteidigers" auf Anregung einer Unterkommission mit dem Ziel, dem Strafprozessordnung ein Verteidigerleitbild zu entnehmen (*Lantzke/Egon Müller/Wahle*, Stellung und Funktion des Verteidigers. Erläuterungen zu den Vorstellungen der Unterkommission [UK], RS Nr. 15/80, S. 6). Der Versuch war, wie *Rieß* im Einzelnen nachweist (aaO., S. 46 f.) aufgrund der Vieldeutigkeit der Strafprozessordnung im Ergebnis fruchtlos.

75 Abschn. II.2.b.

76 Abschn. II.1.

genden, aber doch wissenschaftssoziologisch korrekten Begriff Minder-
meinung belegt wird.[77] Die Kritik[78] und Antikritik[79] an den Axiomen
der Vertragstheorie brauche ich hier nicht auszubreiten. Für viele steht
die eingehende Stellungnahme *Franz Salditts*,[80] der der Vertragstheorie
ausdrücklich attestiert, „folgerichtig und widerspruchsfrei" zu sein, ihr
aber im selben Atemzug Praxisferne bescheinigt; sie könne nur in Hör-,
nicht aber in Gerichtssälen entstanden sein.[81] Es fragt sich in wissen-
schaftstheoretischer Perspektive, ob eine – bezogen auf das Gesetz – ausdrücklich als folgerichtig bezeichnete Auslegung mit dem Argument, die
Praxis folge dem nicht (oder, wohl genauer: *wolle* dem nicht folgen) überhaupt zielführend kritisiert werden kann, will man nicht die Grenzen
der Rückbindung jeder Auslegung an das geltende Recht zugunsten eines
dunklen, aber wirkungsmächtigen Standesinteresses aufgeben. Müsste
nicht auch hier die Landau'sche Formel gelten: „Im Rechtsstaat des
Grundgesetzes (bestimmt) das Recht die Praxis ... und nicht die Praxis
das Recht"[82]? Unabhängig davon zeigt sich darin eine latent antipositi-
vistische Orientierung einer Verfahrensrolle, die durch die als „revolutio-
näre(n) Umsturz"[83] empfundene Rückführung auf ihre vertraglichen
Grundlagen um den Nimbus des nicht in Regeln Fassbaren gebracht
wird. Da ist es also wieder, das Wort von der Revolution.[84]

---

77 Siehe dazu nochmals LR/*Lüderssen/Jahn* (Fn. 6), Vorb. § 137 Rn. 89: Organtheorie als „herrschende Position".
78 Zusf. *Wolf*, in: Gaier/Wolf/Göcken (Fn. 19), § 1 BRAO Rn. 29 ff.; 71 ff.; LR-
   StPO/*Kühne*, 26. Aufl. 2006, Einl. J Rn. 110: „Die Vertragstheorie kann viele
   Regelungen des geltenden Rechts, namentlich (aber nicht nur) das Institut der
   notwendigen Verteidigung und die Position des bestellten Verteidigers, nur unter erheblichen konstruktiven Schwierigkeiten bewältigen. Indem sie den Verteidiger an den Willen des Beschuldigten bindet und damit seine Unabhängigkeit auch diesem gegenüber reduziert, berücksichtigt sie nicht ausreichend,
   dass gerade das generelle und strukturelle Autonomiedefizit des Beschuldigten,
   das durch den Zustand des gegenwärtigen Rechts bedingt ist, die formelle Verteidigung in erheblichem Umfang mit legitimiert. Vor allem aber machen Inte-
   ressen- und Vertragstheorie nicht hinreichend deutlich, dass die Mitwirkung eines Verteidigers nicht nur eine dem Beschuldigten gegenüber eingeräumte
   Rechtswohltat darstellt, sondern ein Essentiale eines rechtsstaatlichen Strafverfahrens, von dem die Wiederherstellung des Rechtsfriedens als Ziel des
   Strafverfahrens entscheidend mit abhängt."
79 LR/*Lüderssen/Jahn* (Fn. 6), Vorb. § 137 Rn. 90 ff.; *Jahn*, „Konfliktverteidigung"
   (Fn. 8), S. 230 ff.
80 Widmaier-MAH Strafverteidigung/*Salditt*, MAH Strafverteidigung (Fn. 50), § 1
   Rn. 33 ff.
81 Widmaier-MAH Strafverteidigung/*Salditt* (Fn. 50), § 1 Rn. 39 a.E.
82 BVerfG StV 2013, 353, 370 Tz. 119 a.E. Siehe dazu *Jahn*, Rechtsprechung in
   Strafsachen zwischen Praxis und Theorie – zwei Seiten einer Medaille? Referate
   und Diskussionen auf dem 4. Karlsruher Strafrechtsdialog 2013, (Hrsg.) *Jahn/
   Nack*, 2013, S. 7 f.
83 So wörtlich Widmaier-MAH Strafverteidigung/*Salditt* (Fn. 50), § 1 Rn. 35.
84 Oben Abschn. I.1.

b) Arbeitshypothese: Binnenpluralistisches Modell der Verteidigung

Bei realistischer Betrachtung vermochte sich unter den realen Bedingungen praktischer und rechtspolitischer Entscheidungszwänge in einem Ausschuss wie dem „Strauda", der seit 1947 das Bild der Strafverteidigung in der Bundesrepublik Deutschland mitprägt, ohnehin weder die eine noch die andere Konzeption in der Reinheit des wissenschaftlichen Denkmodells durchsetzen.

Das dürfte weithin unbestritten sein. Von *Peter Rieß*[85], dem Gedächtnis des deutschen Strafverfahrensrechts und meinem direkten Vorgänger im BRAK-Strafrechtsausschuss,[86] lernen wir im Geleitwort der Thesen des Jahres 1992, dass die stimmberechtigten Mitglieder des Ausschusses zu einem in sich konsistenten Bild der Verteidigung nur schwerlich gelangt wären, wenn von jedem zunächst eine deduktive Standortbestimmung und die Festlegung auf eine Verteidigertheorie verlangt worden wäre. In das Spannungsverhältnis, in dem diese Erkenntnis mit der wenige Zeilen später offengelegten Anschauung steht, den Thesen liege „wohl auch" ein Grundkonsens zugrunde,[87] stelle ich meine nachfolgenden Ausführungen. Sie sind – wie gezeigt – von Grundüberzeugungen über das Wesen der Strafverteidigung in einem rechtsstaatlichen Strafprozess natürlich nicht ganz frei, versuchen aber, diese Wertungen offenzulegen und in den Kontext eines Verteidigerleitbildes zu stellen, das jenseits der Einzelaussagen von Theorien konsistente Festlegungen ermöglicht.

Ich glaube also, dass die Thesen zur Strafverteidigung eine einheitliche verteidigertheoretische Grundkonzeption nicht zwingend aufweisen müssen, dass es vielmehr ihre Aufgabe ist, die verschiedenen Strömungen möglichst getreulich abzubilden, ohne beliebig zu werden. Man könnte das als binnenpluralistisches Modell bezeichnen.[88]

2. Prolegomena zu den Allgemeinen Grundsätze der Thesen zu Strafverteidigung

a) Zur Entstehung der Thesen zu Strafverteidigung

Da es im Folgenden also zunächst um die Frage geht, ob und ggf. inwiefern die Allgemeinen Grundsätze der Thesen zur Strafverteidigung der Reform bedürfen, muss ich zunächst etwas weiter ausholen. Diese Thesen, veröffentlicht im Frühjahr 1992, blicken auf eine lange und keineswegs lineare Entstehungsgeschichte zurück. Sie ist für ihr Verständnis

---

85 Thesen (Fn. 68), S. 1.
86 Siehe *Rieß*, FS Strauda (Fn. 68), S. 49, 74 Fn. 174.
87 Thesen (Fn. 68), S. 2.
88 Der Begriff entstammt bekanntlich dem Rundfunk- und Medienrecht (grdlg. BVerfGE 57, 295, 320; Maunz/Dürig-GG/*Herzog* [Stand: 67. Lfg. 2013], Art. 5 Rn. 233 und meint einen Ansatz, das Ausgewogenheit durch Breite und Vielfalt gewährleisten will.

nicht nur bedeutsam, sondern in dieser Bedeutung bislang vom wissenschaftlichen Schrifttum noch nicht eingehender gewürdigt worden.

aa) Daten, Fakten, Motive

Über die Daten, Fakten und einige grundlegende Motive der damaligen Verfasser kann man sich in den bereits erwähnten Beiträgen von *Dippel*[89] und *Rieß*[90] in der Festschrift zu Ehren des Strauda orientieren. Ich kann mich daher insoweit auf eine kurze Zusammenfassung beschränken.

Erst mehr als dreißig Jahre nach seiner Konstituierung sah sich der Strauda durch die gesetzgeberische Aktivität der 1970er Jahre auf dem Gebiet des Strafprozessrechts, die man schlagwortartig mit dem Begriff Missbrauchsgesetzgebung kennzeichnen kann,[91] genötigt, Stellung und Funktion des Strafverteidigers systematisch zu behandeln. Es handelte sich insgesamt erst um das vierte Generalthema seit 1947. Auf der 112. Tagung im Oktober 1978 wurde hierzu eine Unterkommission einberufen.[92] Frau *Lantzke* sowie die Herren *Egon Müller* und *Wahle* entwickelten ein umfassendes und ausdifferenziertes Gesamtkonzept,[93] das allerdings auf der 119. Tagung im Oktober 1980 auf letztlich durchgreifende Bedenken stieß.[94] Der Ausschuss war mehrheitlich nicht davon überzeugt, dass das Thema auf derart breiter Grundlage angegangen werden könne. Inhaltlich wurden Einwände gegen die Herangehensweise erhoben, die sich vor allem auf ein – leider bis heute unveröffentlichtes – Grundsatzreferat von *Hanack*[95] zur öffentlich-rechtlichen Komponente des Mandatsverhältnisses gründeten. Diese Abhandlung kam zu dem Ergebnis, dass der Grundsatzstreit zwischen der Organtheorie einerseits und der Interessenvertretertheorie andererseits – die Vertragstheorie war zu diesem Zeitpunkt noch nicht systematisch ausgearbeitet – mit den Mitteln, die dem Strafrechtsausschusses zu Gebote standen, nicht zu lösen sei. Sie beharrte daher auf einem theorieindistinkten Verteidigerleitbild, das sich allein durch die beiden Parameter „Seriosität" und „Professionalität" auszeichnet.

bb) Ergebnisse vor dem Hintergrund der *Bastille*-Diskussion

Das *Hanack*'sche Referat war in der Rückschau die Initialzündung für den letztlich mit der Veröffentlichung der Thesen beibehaltenen „mehr

---

89 *Dippel*, FS Strauda (Fn. 68), S. 3, 29 ff.
90 *Rieß*, FS Strauda (Fn. 68), S. 49, 66 f.
91 *Jahn*, „Konfliktverteidigung" (Fn. 8), S. 114 ff.; LR-*Lüderssen/Jahn* (Fn. 6), Vorb. § 137 Rn. 3. Zum Ganzen ausf. *Rieß*, FS 25 Jahre AG Strafrecht im DAV, 2009, S. 773 ff.
92 RS-Nr. 17/78, S. 5.
93 Siehe RS-Nr. 14/80, S. 8 f.
94 Siehe RS-Nr. 27/80, S. 6.
95 Grundlagen und Inhalt der „öffentlich-rechtlichen Komponente" des Mandatsverhältnisses zwischen Beschuldigtem und Verteidiger. Referat vor dem Strafrechtsausschuß der BRAK (RS-Nr. 22/80), September 1980 (Typoskript).

induktiven" Weg, den *Rieß*[96] in seinem Geleitwort als Verzicht auf ein explizites Bekenntnis zu einer der Theorien über die Stellung des Strafverteidigers charakterisiert. Dies sollte gleichzeitig den Anspruch entscheidend kürzen, mit dem die Thesen letztlich ans Licht der Fachöffentlichkeit traten. Sie wollten nurmehr Orientierungshilfe ohne Rechtsqualität sein, vor typischen Gefahren der Berufspraxis warnen und an die rechtliche Sensibilität und Aufmerksamkeit des Verteidigers appellieren. So entstand entgegen dem auf der 147. Tagung im Februar 1990[97] noch angestrebten Format letztlich kein „Codex moralis"[98].

Als ersichtlich unmittelbare Reaktion auf unsere Bastille-Entscheidungen des Jahres 1987 war auch kein Codex Iuris mehr intendiert. Es kristallisierten sich selbst keine – wie noch kurz vor der Publikation diskutiert – „Leitsätze für den Strafverteidiger"[99] mehr heraus, sondern eben nur Thesen. Vergleicht man das Ergebnis mit der ursprünglich vom der Unterkommission gewollten,[100] auch durch den damaligen Vorsitzenden *Hammerstein* erstmals 1984[101] und in der Einführung zu den Thesen acht Jahre später[102] erneut angekündigten geschlossenen Darstellung zur Stellung und Funktion des Strafverteidigers, muss man sich der aus Sicht eines Ständigen Gastes entstandenen Bewertung von *Dippel*[103] anschließen: *Das* sind die Thesen sicher nicht geworden. Die annoncierte Darstellung steht vielmehr bis heute aus. *Rieß*[104] meint an dieser Stelle, es sei zweifelhaft, ob der Ausschuss zu einer solchen geschlossenen Darstellung noch bereit sei und ob ihm diese überhaupt empfohlen werden könne. Um zu meinem Ausgangspunkt[105] zurückzukommen: Für die Beantwortung der ersten Frage bin ich nicht zuständig. Was die zweite Frage anbelangt, meine ich, dass sie – jedenfalls, soweit mein heutiges Thema betroffen ist – zu bejahen ist. Es empfiehlt sich – bei voller Würdigung der mehr als ein Jahrzehnt andauernden Diskussionen – eine geschlossene Darstellung der Allgemeinen Grundsätze der Aufgabe und Rechtsstellung des Verteidigers vorzulegen. Wie anders wollte man Grund-Sätze formulieren?

---

96 Thesen (Fn. 68), S. 1. Die beiden *Hanack*'schen Schlüsselbegriffe tauchen hier als „roter Faden" der Thesen wieder auf (Thesen [Fn. 68], S. 2); dem zustimmend jetzt wieder *Haumer*, ÖAnwBl. 2013, 204.
97 Bei *Dippel*, FS Strauda (Fn. 68), S. 3, 31 heißt es „1980".
98 Siehe RS-Nrn. 37/90 und 39/90.
99 Siehe RS-Nr. 42/90. Ebenfalls diskutiert wurde die Publikationsform „Denkschrift" (vgl. RS-Nr. 23/91, S. 5).
100 *Lantzke/Egon Müller/Wahle* (Fn. 74), S. 1.
101 Im Vorwort der Stellungnahme des Strafrechtsausschusses zum Gesetzentwurf „Die Verteidigung", 1984 (derzeit vergriffen).
102 Thesen (Fn. 68), S. 6.
103 *Dippel*, FS Strauda (Fn. 68), S. 3, 31.
104 *Rieß*, FS Strauda (Fn. 68), S. 49, 74.
105 Oben Abschn. III.1.b.

b) Folgerungen

Ich selbst habe vor eineinhalb Jahrzehnten in meiner Dissertation[106] in Auseinandersetzung mit den *Thesen* moniert, dass sie wesentliche normative Grundentscheidungen offen ließen und ihre Darstellung rein induktiv zu entwickeln versuchen. An dieser Kritik halte ich nach erneuter Überprüfung fest. Eine rein induktive Methodik ist jedenfalls für den Bereich allgemeiner Grundsätze ungeeignet. Solche Basissätze dienen der Orientierung des Nachfolgenden und dürfen deshalb ein bestimmtes Maß normativen Gehaltes nicht unterschreiten. Anderenfalls besteht die Gefahr, dass sie den Charakter letztlich unverbindlicher Präambeln annehmen.[107] Richtig ist zudem, dass manche Thesen auf dem Mutterboden der strengen Organtheorie gewachsen sind, die Mehrzahl der Thesen – wie *Werner Beulke* richtig herausstreicht –[108] letztlich nur über eine eingeschränkte Organtheorie erklärbar ist und sich manches als Frucht der Vertragstheorie darstellt oder zumindest darstellen lässt. Ein letztes Argument scheint mir gegen ein rein induktives Vorgehen zu sprechen: Solche „Lösungen" sind in echten Grenzfällen kaum belastbar. Dies mag vielleicht eine weitere Erklärung dafür liefern, dass die Praxis der höchstrichterlichen Rechtsprechung, die in aller Regel mit ernsthaft notleidenden Fällen konfrontiert wird, auf die Thesen – soweit ersichtlich nur mit einer Ausnahme – nicht zurückgegriffen hat. Wenn die Verteidiger ihr Leitbild nicht selbst deduktiv entwickeln, werden das andere für sie erledigen. Der Versuch des *Großen Senats für Strafsachen*[109], das „Ethos" der Strafverteidigung zu einem auslegungsträchtigen Argument zu funktionalisieren, könnte beispielsweise als Zeichen dieser Entwicklung gedeutet werden. Ich stimme also in der Sache mit den Ergebnissen der früheren Unterkommission „Stellung und Funktion des Verteidigers" überein. Bei ihr heißt es unter dem 1.8.1980:[110] „Die UK ist der Auffassung, daß man von der kontroversen Kasuistik nur wegkommt (...) wenn Basisfragen angepackt werden, die bislang ausgespart worden sind".

---

106 *Jahn*, „Konfliktverteidigung" (Fn. 8), S. 123.

107 Zuzugeben ist freilich, dass selbst bei Präambeln zuweilen über ihre Auslegungsträchtigkeit gestritten wird; vgl. zum „bescheidenen Pathos" des Grundgesetzes statt vieler Sachs/*Huber*, GG, 6. Aufl. 2011, Präambel Rn. 15.

108 *Beulke*, StV 1994, 572 (573); LR-*Lüderssen/Jahn* (Fn. 6), Vorb. § 137 Rn. 1a Fn. 11. Neben dem Beispiel des Informationen des Mandanten über eigene Ermittlungen (These 27) gehört in die Kategorie vertragstheorieaffiner Thesen auch die These 35 Abs. 1 (grundsätzliche Pflicht zur Abstimmung von Beweisanträgen mit dem Mandanten) oder These 40 Abs. 3 (Einvernehmensgebot bei Verständigungsgesprächen). Alle drei Thesen wären nur schwer erklärbar, wenn nicht der Geschäftsbesorgungsvertrag mit dem Mandanten entsprechende Imperative nach sich ziehen würde.

109 BGHSt (GrS) 51, 298, 313 Tz. 54: „Die Änderung des anwaltlichen Ethos ist ein [...] Argument für die Änderung der Rechtsprechung".

110 *Lantzke/Egon Müller/Wahle* (Fn. 74), S. 2.

3. Das Grundgesetz als „Seismograph" der Verfassung der Anwaltschaft

Vor diesem Hintergrund war eine Reformulierung der allgemeinen Grundsätze der Strafverteidigung (der früheren Thesen 1–3 des Strafrechtsausschusses) zu empfehlen, die als normativen Bezugsrahmen die verfassungsrechtlichen Grundlagen der Strafverteidigung unter dem Grundgesetz wählt, welche zugleich wiederum die Formulierungen in der Berufsordnung der Rechtsanwälte maßgeblich inspiriert haben.

Die Position der Verteidigung zwischen Justiz und Beschuldigtem bleibt in dem Maße im einfachen Recht ungesichert, wie die Berufung auf den erreichten – primär berufsständisch begriffenen – Status die Frage nach der grundgesetzlichen Rechtsgrundlage abgeschnitten hat. Diese Unsicherheit belastet die großen dogmatischen Kontroversen um das Recht der Strafverteidigung und damit die Lösung zentraler Streitfragen, die im Alltagsgeschäft der Gerichte nicht selten freischwebend zwischen der gesetzlichen Regelung der Strafprozessordnung und von Rollenbildern geprägten Vorverständnis gelöst zu werden pflegen. Vor allem die kontinuierlich vorangeschrittene Einbindung des Strafprozessrechts in ein konkretisierende Konsequenzen forderndes Verfassungsrecht gebietet es aber, an die Stelle unscharfer, an Rolle und Status orientierter Sozialnormen eindeutige Rechtsnormen zu setzen.[111] Eine Arbeitskonzeption der Verteidigung, die bestimmt ist durch ein neues Berufsverständnis verlangt daher nach umfassender Legitimation durch *Rechts*sätze.[112] Diese Sätze sind wegen der unklaren Konzeption der Strafprozessordnung einerseits und der Wirkkraft der Grundrechte andererseits gerade auch dem Verfassungsrecht und seiner Konkretisierung durch die Karlsruher Rechtsprechung zu entnehmen.

Die Maßstäbe, an denen sich dieses Unternehmen messen lassen muss, hat wiederum *Peter Rieß*[113] formuliert. Eine Normierung der allgemeinen Rechtsstellung und Aufgaben des Strafverteidigers muss

- genügend Stoff für eine Interpretation bieten. Leerformeln und Weiterverweisungen sind keine tauglichen Interpretationsgrundlagen.

- in sich konsistent sein, was angesichts der widerstreitenden Anforderungen an die Strafverteidigung der Quadratur eines Kreises gleichkommt

und darf schließlich

- mit den Einzelregelungen, zu deren Interpretation sie dienen soll, nicht in Widerspruch stehen.

---

111 Vgl. dazu bereits LR-*Lüderssen/Jahn* (Fn. 6), Vorb. § 137 Rn. 2. Für die nachfolgenden Überlegungen greife ich dabei auch auf ältere Vorarbeiten zurück (vgl. *Jahn*, „Konfliktverteidigung" [Fn. 8], S. 155 ff.).

112 LR-*Lüderssen/Jahn* (Fn. 6), Vor § 137 Rn. 4.

113 Stellungnahme zu § 1 (Aufgabe und Stellung des Verteidigers) des Gesetzentwurfs „Die Verteidigung" des Arbeitskreises Strafprozeßreform (*Bemmann, Grünwald, Hassemer, Krauß, Lüderssen, Naucke, Rudolphi, Welp*) v. 12.12.1979 (RS-Nr. 29/79), S. 2.

Ob das mit der nachfolgenden Skizze gelungen ist, mag die Diskussion erweisen. Sie stellt *work in progress* aus vor dem Abschluss stehenden Diskussionen des BRAK-Strafrechtsausschusses dar.[114]

a) These 1: Grundlagen der Strafverteidigung

These 1 sollte folgenden, gegenüber der Fassung des Jahres 1992 erheblich veränderten Wortlaut bekommen:

> **These 1** (Grundlagen der Strafverteidigung)
>
> (1) Das Recht des Beschuldigten auf eine effektive Strafverteidigung gewährleistet seine Stellung als Subjekt im Strafverfahren. Die Verteidigung trägt damit zur Verwirklichung des Rechtsstaats bei.
>
> (2) Der Verteidiger hat seinen Mandanten zu unterstützen und dessen Rechte und Interessen bestmöglich wahrzunehmen (Beistandsfunktion des Verteidigers). Er hat ihn ferner vor Rechtsverlusten zu schützen, vor Fehlentscheidungen durch Gerichte und Behörden zu bewahren und gegen verfassungswidrige Beeinträchtigung und staatliche Machtüberschreitung zu sichern (Schutzaufgabe des Verteidigers).

aa) Absatz 1

These 1 beschreibt in Absatz 1 die Grundlagen der Strafverteidigung im rechtsstaatlichen Strafverfahren der Bundesrepublik Deutschland. Prägend ist ihre doppelte konstitutionelle Verankerung: zum einen im Recht des Beschuldigten auf effektive Verteidigung als Ausprägung seiner Menschenwürde (Subjektstellung) und weiterer Grundrechte, zum anderen – institutionell – im Rechtsstaatprinzip.[115] Zugleich werden die Aussagen in § 1 Abs. 2 der Berufsordnung der Rechtsanwälte (BO) und die Thesen der deutschen Rechtsanwaltskammern zur anwaltlichen Selbstverwaltung[116] aufgenommen und für die Strafverteidigung konkretisiert. Absatz 1 dient damit insbesondere der teleologischen Interpretation der nachfolgenden Thesen und der in Bezug genommenen Rechtsnormen. Die Menschenwürde und das Rechtsstaatprinzip stellen nicht nur verfassungsrechtliche Sicherungen der Strafverteidigung dar, sondern auch Optimierungsgebote, die sowohl rechtspolitisch als auch bei der Anwendung und Auslegung von Normen andauernd fortzuentwickeln sind.

---

114 Siehe *Fiebig*, BRAK-Magazin 3/2013, S. 4 f.
115 BVerfGE 110, 226, 253; LR/*Lüderssen/Jahn* (Fn. 6), § 137 Rn. 2.
116 AnwBl. 2008, 91.

bb) Absatz 2

Absatz 2 benennt die zentralen Aufgaben des Verteidigers: zum einen seine Beistandsaufgabe, die darin liegt, dem beschuldigten Mandanten bei der Wahrnehmung seiner Rechte und der Verfolgung seiner rechtlich geschützten Interessen professionelle Hilfe und Unterstützung zu leisten; zum anderen seine Schutzaufgabe. Der Staat muss unter dem Grundgesetz seiner Pflicht, das Publikum mit professioneller Hilfe bei der Rechtssuche zu versorgen, durch die Einrichtung eines institutionellen Freiraums der Verteidigung nachkommen. Die Staatsfreiheit der Strafverteidigungstätigkeit kann über ihren Institutscharakter begründet werden. Sie ist eine verfassungsrechtliche Verbürgung und bedeutet echte Freiheit von jeglicher staatlicher Ingerenz. Damit ist der verfahrensrechtlich-institutionelle Schutz der Strafverteidigung umschrieben. Ob man das Recht auf Verteidigerbeistand dabei als Teil eines fairen Strafverfahrens (Art. 2 Abs. 1 i.V.m. Art. 20 Abs. 3 GG) oder – mit der heute wohl überwiegende Meinung in der Literatur – über das grundrechtsgleiche Recht auf rechtliches Gehör in Art. 103 Abs. 1 GG verbürgt sieht, ist dabei im vorliegenden Zusammenhang sekundär.[117] Verbürgt wird für den Beschuldigten jedenfalls das Recht auf tatsächliche und wirksame Verteidigung. Seine Aufgabe ist es dabei nach neuerer (Kammer-)Rechtsprechung des BVerfG,[118] den Mandanten vor verfassungswidriger Beeinträchtigung und staatlicher Machtüberschreitung zu bewahren. Er muss der öffentlichen Gewalt gegenüber jedes Defizit ausgleichen, das den Beschuldigten – „wenn dieser mangels Kenntnis oder mangels Fähigkeit dazu nicht in der Lage ist"[119] – an der Wahrnehmung seiner Rechte als gleichwertiges und mit gleichen Waffen ausgestattetes Prozesssubjekt hindert. Mit dieser Standortbestimmung durch die *2. Kammer* des *1. Senats* des BVerfG stimmt die Regelung in § 1 Abs. 3 a.E. BO wörtlich überein. Da der Beschluss des *BVerfG* dem Inkrafttreten der Berufsordnung am 11.3.1997 (§ 35 Abs. 1 BO) zeitlich vorausging, ist davon auszugehen, dass das *Gericht* der damaligen Satzungsversammlung Formulierungshilfe geleistet hat.[120] In der Entscheidung zur Verfassungswidrigkeit der Versäumnisurteils-Vorschrift in der früheren Berufsordnung hat der *1. Senat* des BVerfG hinzugefügt, dass den Rechtsanwalt „zuvörderst die Pflicht (trifft), alles zu tun, was im Rahmen seines Auftrags zugunsten des Mandanten möglich ist"[121]. Das Gericht betont dabei „die primären Verpflichtungen aus dem Mandantenvertrag". Obgleich zu einer zivilprozessualen Problematik ergangen, ist diese Maxime auch für das Strafprozessrecht bedeutsam. § 1 Abs. 3 BO ist deshalb als Formulierung der

---

117 Nachw. zu den verschiedenen Auffassungen bei LR/*Lüderssen/Jahn* (Fn. 6), § 137 Rn. 2.

118 BVerfG (*2. Kammer* des *1. Senats*), NJW 1996, 3268 m. scharf abl. Anm. *Foth*, NStZ 1997, 36. Vgl. dazu – und auch zum Ausgangsverfahren des EGH Hamm – *Jahn*, ZRP 1998, 103, 104; *Jahn*, NStZ 1998, 389, 392.

119 BGHSt 41, 69, 72.

120 Siehe zur Entstehungsgeschichte auch *Zuck*, NJW 1996, 3189, 3190.

121 BVerfGE 101, 312, 328.

Funktion des Strafverteidiger im rechtsstaatlichen Verfahren prädestiniert.[122]

b) These 2: Rechtsstellung des Strafverteidigers

These 2 wendet sich sodann konkret der Rechtsstellung des Verteidigers zu.

> **These 2** (Rechtsstellung des Strafverteidigers):
>
> (1) Der Verteidiger ist unabhängig. Er gestaltet die Verteidigung im Einvernehmen mit seinem Mandanten frei, selbstbestimmt und unreglementiert, soweit die allgemeinen Gesetze und das Berufsrecht ihn nicht besonders verpflichten.
>
> (2) Der Freiraum der Verteidigung umfasst alle Maßnahmen, die der Verteidiger zur Abwehr der gegen seinen Mandanten erhobenen strafrechtlichen Vorwürfe und zur sonstigen Wahrnehmung von dessen Interessen durchführt, veranlasst oder geschehen lässt.
>
> (3) Der Verteidiger ist nur im Rahmen seiner Aufgabe, dem Mandanten beizustehen und ihn zu schützen, für ein rechtsstaatliches Verfahren verantwortlich.

aa) Absatz 1

Die Unabhängigkeit des Verteidigers wird hier primär im Sinne einer Unabhängigkeit von Staat und Gesellschaft verstanden. Eine vollständige Unabhängigkeit im Wortsinn würde auch die Freiheit von dem gegenüber dem Verteidiger artikulierten Mandantenwillen einschließen. Dies ist für den Verteidiger im Innenverhältnis zu seinem Mandanten, wie ge-

---

122 Eine ursprünglich vorgeschlagene These 3 zur Lösung von Pflichtenkollisionen („Pflichtenkollisionen hat der Verteidiger unter sorgfältiger Abwägung widerstreitender Rechtsmaximen so zu entscheiden, dass er seiner Schutzaufgabe (These 1 Abs. 2) bestmöglich gerecht wird. Dabei beachtet er die Auswirkungen seines Verteidigungsverhaltens für das Mandat, auf die Rechtspflege und würdigt zudem die Bedeutung und die Folgen der dem Mandanten vorgeworfenen Tat und den Schutz der Persönlichkeitssphären") wurde in den Beratungen im Jahr 2012 gestrichen. Sie sollte der Anregung *Beulkes* (StV 1994, 572, 573) nach einer Gewichtung der Abwägungskriterien Rechnung tragen. Im Vordergrund stand aber auch hier wieder die normative Vorgabe der Schutzaufgabe des Absatzes 2 Satz 2 der These 1. In einer praktischen Konkordanz sollte diese Schutzaufgabe in einen Ausgleich mit den im Einzelfall widerstreitenden Interessen in Satz 2 gebracht werden. Hier sollte das Mandat – und damit der Mandant – im Vordergrund stehen. Erst dann sollten die objektiv-rechtlichen Belange der Rechtspflege – in die der Verteidiger nicht eingebunden ist – und weitere Abwägungsparameter (Bedeutung und Folgen der Tat, Schutz der Persönlichkeitsrechte) folgen. Der Entwurf einer dritten Grundlagenthese wurde jedoch letztlich als überflüssig, da ohnehin aus der Systematik der Thesen 1 und 2 folgend angesehen.

zeigt,[123] offensichtlich nicht der Fall (§§ 675, 665 BGB), auch wenn die §§ 134, 138 und 276 BGB verhindern, dass der Verteidiger jeglichen Weisungen des Mandanten Folge leisten muss. Zu Recht wird daher in den Thesen der deutschen Rechtsanwaltskammern zur anwaltlichen Selbstverwaltung[124] nurmehr die Unabhängigkeit vom Staat („Staatsferne") und die Freiheit von Weisungen und Kapitalinteressen Dritter betont. Die wirksamen zivilrechtlichen Bindungen des Verteidigers im Innenverhältnis sind also im Sinne eines Einvernehmensgebots zu akzentuieren. Dies entspricht im Übrigen der Rechtsprechung des *BVerfG*,[125] das das Mandanteninteresse als einen Aspekt des 1 Abs. 3 BO besonders herausgestrichen hat.

bb) Absatz 2

Absatz 2 konkretisiert den für eine effektive Verteidigung erforderlichen Freiraum des Verteidigers. Dieser Freiraum muss vor jedweder staatlichen Einflussnahme geschützt sein. Wer selbst dem Zugriff staatlicher Machtausübung unterliegt, kann vor deren Überschreitung keinen wirksamen Schutz bieten.[126]

Die Verpflichtung des Staates des Grundgesetzes, den Freiraum der Verteidigung zu schützen, korrespondiert mit seiner Pflicht, dem Bürger professionelle Hilfe bei der Rechtssuche in strafrechtlichen Angelegenheiten zu ermöglichen. Wie diese ist sie Bestandteil der Institutsgarantie der Strafverteidigung.

An seiner Beistands- und Schutzaufgabe hat der Verteidiger sein berufliches Handeln primär zu orientieren. So steht es in der alleinigen und nicht überprüfbaren Entscheidung des Verteidigers, wie oft und zu welchen Zeitpunkten er z.B. Akteneinsicht beantragt, mit dem Staatsanwalt in Kontakt tritt, Schriftsätze einreicht, Beweisanträge stellt oder in welchem Umfang er eigene Erkundigungen bzw. Erhebungen durchführt.

Es unterliegt auch allein seinem Entschluss, einzelne Maßnahmen wie z.B. die Befragung eines Zeugen (außerhalb einer Hauptverhandlung) selbst durchzuführen oder durch einen Dritten durchführen zu lassen, fachliche Fragen durch einen Sachverständigen untersuchen zu lassen oder derartige Erhebungen mit Hilfe von Anträgen an die Strafverfolgungsbehörde oder das Gericht zu veranlassen. Schließlich gehört es

---

123 Oben Abschn. II.1.
124 AnwBl. 2008, 91.
125 BVerfGE 101, 312, 330, freilich – und schon wegen der §§ 134, 138, 276 BGB ganz zu Recht – ohne eine absolute Determination durch den Mandantenwillen anzunehmen: „Schon der Mandatsvertrag verpflichtet den Anwalt, das Versäumnisurteil nur dann zu erwirken, wenn es im konkreten Fall tatsächlich den Interessen seines Mandanten entspricht. Dies ergibt sich bereits aus § 1 Abs. 3 BO. Kein Rechtsanwalt ist durch die Zivilprozeßordnung gezwungen, ein Versäumnisurteil zu beantragen; insoweit bleibt auch Raum für kollegiale Rücksichtnahme."
126 *Ignor*, NJW 2007, 2403, 2405; *Hellwig*, AnwBl. 2008, 644, 653.

auch zum Freiraum des Verteidigers, Entlastungsbemühungen seines Mandanten oder Dritter lediglich hinzunehmen, ohne selbst anregend oder leitend aktiv zu werden. Die Auswertung der Ergebnisse solcher Bemühungen steht in seinem pflichtgemäßen Ermessen.

cc) Absatz 3

Die Begrenzung des Freiraums des Verteidigers im Einzelfall durch seine Verantwortung für ein rechtsstaatliches Verfahren im Rahmen seiner Beistands- und Schutzfunktion kann bedeuten, dass auf den einzelnen Verteidiger auch die Stellung der Strafverteidigung im rechtsstaatlichen Gesamtgefüge des Verfahrens zurückwirken und sein Handeln determinieren kann. Insofern besteht eine institutionelle Wechselwirkung mit These 1 Absatz 1: Je deutlicher der Strafverteidiger seine Bindung an Gesetz und Recht – namentlich die Verfassung – akzentuiert, um so stärker kann er den Schutz durch das Recht für sich beanspruchen, was ihm wiederum Freiräume sichert. Aus der Verantwortung für ein rechtsstaatliches Verfahren im Rahmen seiner Beistands- und Schutzfunktion lassen sich jedoch keine einseitigen Inpflichtnahmen herleiten, die den geschützten Interessen des Mandanten zuwiderlaufen. Funktionsfähig ist nur eine Strafrechtspflege, die sich gleichrangig den Menschenrechten und dem Institut der Strafverteidigung verpflichtet weiß.

VI. Gegenüberstellung der Thesen 1992, des Thesen-Diskussionsentwurfs 2013, der Berufsordnung und der einschlägigen BVerfG-Rechtsprechung

Thesen zur Strafverteidigung Strafrechtsausschuss BRAK (1992)	Diskussionsentwurf Thesen „Allgemeine Grundsätze der Strafverteidigung" (Stand 2013)	Berufsordnung der Rechtsanwälte (Fassung 1.8.2007)	Leitentscheidung des BVerfG
These 1 (*Freiraum* der Verteidigung):	**These 1** **(Grundlagen der Verteidigung):**	§ 1 BO	
	(1) Das Recht des Beschuldigten auf eine effektive Strafverteidigung gewährleistet seine Stellung als Subjekt im Strafverfahren. Die Verteidigung trägt damit zur Verwirklichung des Rechtsstaats bei.	(2) Die Freiheitsrechte des Rechtsanwalts gewährleisten die *Teilhabe* des Bürgers *am Recht*. Seine Tätigkeit dient *der Verwirklichung des Rechtsstaats.*	

Thesen zur Strafverteidigung Strafrechtsausschuss BRAK (1992)	Diskussionsentwurf Thesen „Allgemeine Grundsätze der Strafverteidigung" (Stand 2013)	Berufsordnung der Rechtsanwälte (Fassung 1.8.2007)	Leitentscheidung des BVerfG
(1) *Der Verteidiger ist frei in der Gestaltung der Verteidigung im Rahmen der Gesetze, seiner Schutzaufgabe und seiner Einordnung in die Funktion der Strafrechtspflege.*	**(2)** Der Verteidiger hat seinen Mandanten zu unterstützen und dessen Rechte und Interessen bestmöglich wahrzunehmen (Beistandsfunktion des Verteidigers). Er hat ihn ferner vor Rechtsverlusten zu schützen, vor Fehlentscheidungen durch Gerichte und Behörden zu bewahren und gegen verfassungswidrige Beeinträchtigung und staatliche Machtüberschreitung zu sichern (Schutzaufgabe des Verteidigers).	**(3)** Als unabhängiger Berater und Vertreter in allen Rechtsangelegenheiten *hat* der Rechtsanwalt seine Mandanten *vor Rechtsverlusten zu schützen*, rechtsgestaltend, konfliktvermeidend und streitschlichtend zu begleiten, *vor Fehlentscheidungen durch Gerichte und Behörden zu bewahren und gegen verfassungswidrige Beeinträchtigung und staatliche Machtüberschreitung zu sichern.*	*2. Kammer des 1. Senats,* NJW 1996, 3268: „Als unabhängiges Organ der Rechtspflege und als der berufene Berater und Vertreter der Rechtsuchenden hat er (der Anwalt – d. Verf.) die Aufgabe, zum Finden einer sachgerechten Entscheidung beizutragen, das Gericht – und ebenso StA oder Behörden – vor Fehlentscheidungen zu Lasten seines Mandanten zu bewahren und diesen vor verfassungswidriger Beeinträchtigung oder staatlicher Machtüberschreitung zu sichern; insbesondere soll er die rechtsunkundige Partei vor der Gefahr des Rechtsverlustes schützen."
These 2 („Garanten*stellung*" *des Verteidigers*):	**These 2** (**Rechtsstellung des Strafverteidigers**):		
Der Verteidiger ist nur im Rahmen seiner Aufgabe, den Mandanten wirksam zu schützen, Garant eines justizförmigen Strafverfahrens.	**(1)** Der Verteidiger ist unabhängig. Er gestaltet die Verteidigung im Einvernehmen mit seinem Mandanten frei, selbstbestimmt und unreglementiert, soweit die allgemeinen Gesetze und das Berufsrecht ihn nicht besonders verpflichten.	**(1)** Der Rechtsanwalt übt seinen Beruf *frei, selbstbestimmt und unreglementiert* aus, *soweit Gesetz oder Berufsordnung ihn nicht besonders verpflichten.*	*1. Senat,* BVerfGE 101, 312, 328: „Die Bundesrechtsanwaltsordnung setzt vielmehr voraus, daß die Interessen der Mandanten in dem Umfang, wie sie durch die Prozeßordnungen und das materielle Recht ausgeformt sind, vom Rechtsanwalt wahrgenommen werden. Ihn trifft zuvörderst die Pflicht, alles zu tun, was im Rahmen seines Auftrags zugunsten des Mandanten möglich ist."

Thesen zur Strafverteidigung Strafrechtsausschuss BRAK (1992)	Diskussionsentwurf Thesen „Allgemeine Grundsätze der Strafverteidigung" (Stand 2013)	Berufsordnung der Rechtsanwälte (Fassung 1.8.2007)	Leitentscheidung des BVerfG
(2) Dieser *Freiraum* umfaßt alle Maßnahmen, *die der Verteidiger zur Abwehr der gegen seinen Mandanten erhobenen strafrechtlichen Vorwürfe durchführt, veranlaßt oder geschehen läßt.*	(2) Der Freiraum der Verteidigung umfasst alle Maßnahmen, die der Verteidiger zur Abwehr der gegen seinen Mandanten erhobenen strafrechtlichen Vorwürfe und zur sonstigen Wahrnehmung von dessen Interessen durchführt, veranlasst oder geschehen lässt.		
	(3) Der Verteidiger ist nur im Rahmen seiner Aufgabe, dem Mandanten beizustehen und ihn zu schützen, für ein rechtsstaatliches Verfahren verantwortlich.		

123

G. Anwaltliche Berufsfreiheit – Art. 12 GG als Garant einer unabhängigen starken Anwaltschaft

Vorlesung an der Universität Hannover am 24.1.2013

Richter des Bundesverfassungsgerichts Prof. Dr. Reinhard Gaier, Karlsruhe

Das Grundgesetz schützt mit Art. 12 GG die anwaltliche Berufsfreiheit nicht anders als die berufliche Tätigkeit etwa von Handwerkern, Land- und Gastwirten sowie Gewerbetreibenden. Auch in den beiden Bastille-Beschlüssen, die Anlass für diese Ringvorlegung sind, erkannte das Bundesverfassungsgericht auf eine Verletzung der durch Art. 12 Abs. 1 GG geschützten freien Berufsausübung.[1] Insoweit unterscheidet sich der Schutz der Berufsfreiheit für Rechtsanwälte zwar nicht von der auch für alle anderen Angehörigen eines freien Berufs, aber es kann angesichts der großen Bedeutung, die unsere Verfassung dem Gedanken der Rechtsstaat-lichkeit beilegt, durchaus irritieren, dass der anwaltliche Beitrag zu die-sem System der Verfassung keine Erwähnung wert ist.

Dabei liegt der verfassungsrechtlichen Konzeption des Rechtsstaats nach dem Verständnis des Bundesverfassungsgerichts die Überlegung zugrun-de, dass gerade die freie Advokatur essentiell für Rechtsstaatlichkeit in Form der Justizgewährung und des fairen Strafverfahrens ist.[2] Die letzt-lich tragischen Erfahrungen mit den hehren Prinzipien der Weimarer Reichsverfassung zeigen aber, dass bloße Grundsätze in wirklichen Kon-fliktfällen letztlich nur auf dem Papier stehen, zu ihrer nötigen Wir-kungskraft also nach effektiven Optionen der Durchsetzung verlangen. Solche Möglichkeiten bietet die Subjektivierung von Verfassungsgrund-sätzen, das heißt ihre Verrechtlichung hin zu subjektiven Rechten. Wer-den Programmsätze zu Verfassungsprinzipien und diese zu Grundrech-ten, so entstehen nach Art. 1 Abs. 3 GG subjektive Rechte der Einzelnen gegen den Staat in allen seinen Ausprägungen. Die Verfassungsbeschwer-de komplettiert diesen Ansatz hin zu einer tatsächlichen Wirksamkeit; denn jeder Einzelne kann zur Durchsetzung seiner Grundrechte Rechts-schutz durch das Bundesverfassungsgericht in Anspruch nehmen.

I. Subjektive Rechte auf Justizgewährung und faires Strafverfahren

Das Rechtsstaatsprinzip aus Art. 20 Abs. 3 GG kann als Basis für die Ab-leitung solcher individual-rechtlicher Verfassungsrechte dienen. Das Bundesverfassungsgericht entnimmt dem Rechtsstaatsprinzip zwar kei-

---

1 BVerfGE 76, 171, 184; 196, 205.
2 Vgl. *Gaier*, BRAK-Mitt. 2006, 1, 5.

ne in allen Einzelheiten eindeutig bestimmten Gebote oder Verbote von Verfassungsrang, sondern sieht hierin zunächst lediglich einen Verfassungsgrundsatz, der der Konkretisierung je nach sachlichen Gegebenheiten bedarf.[3] Die Verletzung des Rechtsstaatsprinzips als solchem kann daher nicht mit der Verfassungsbeschwerde geltend gemacht werden kann.[4] Anderes gilt aber für die Konkretisierungen des Rechtsstaatsprinzips, nämlich für den Justizgewährungsanspruch und den Grundsatz des fairen Strafverfahrens.

1. Justizgewährung

Der allgemeine Justizgewährungsanspruch gibt nicht nur das Recht auf Zugang zu den Gerichten, auf eine grundsätzlich umfassende tatsächliche und rechtliche Prüfung und auf eine verbindliche richterliche Entscheidung,[5] sondern gewährleistet auch einen effektiven Rechtsschutz.[6] Einen Spezialfall des allgemeinen Justizgewährungsanspruchs regelt Art. 19 Abs. 4 GG für öffentlich-rechtliche Streitigkeiten. Die Unterschiede beschränken sich auf den Anwendungsbereich, erfassen also nicht den „rechtsstaatlichen Kerngehalt."[7]

In all diesen Verfahren spielt der Anspruch auf Gewährung rechtlichen Gehörs eine wichtige Rolle. Er hat außerhalb des Grundrechtskatalogs in Art. 103 Abs. 1 GG eine eigenständige Regelung gefunden, kann aber als grundrechtsgleiches Recht nach § 90 Abs. 1 BVerfGG gleichwohl mit der Verfassungsbeschwerde durchgesetzt werden. Den engen funktionalen Zusammenhang mit dem Justizgewährungsanspruch hat das Bundesverfassungsgericht in dem Plenarbeschluss zur fachgerichtlichen Selbstkorrektur bei Gehörsverletzungen betont. Während die Rechtsschutzgarantie, also der Justizgewährungsanspruch, den Zugang zum Verfahren sichert, zielt das rechtliche Gehör auf einen angemessenen Ablauf des Verfahrens. Wörtlich heißt es in dem Beschluss: „Wer bei Gericht formell ankommt, soll auch substantiell ankommen, also wirklich gehört werden. Wenn ein Gericht im Verfahren einen Gehörsverstoß begeht, vereitelt es die Möglichkeit, eine Rechtsverletzung vor Gericht effektiv geltend zu machen."[8] Die Bedeutung des „prozessualen Ur-Rechts", vor Gericht gehört zu werden, hat das Bundesverfassungsgericht immer wieder betont und hierbei sogar auf die Wahrung der Menschenwürde verwiesen.[9] Diese wird nach der gängigen „Objektformel" dahin verstanden, dass der Mensch nicht zum bloßen Objekt des Staates werden darf, verboten ist hiernach jede Behandlung eines Menschen, die seine Subjekt-

---

3 Vgl. BVerfGE 74, 129, 152; 90, 60, 86.
4 Vgl. BVerfGE 2, 336, 338 f.; 6, 376, 385.
5 Vgl. BVerfGE 85, 337, 345; 107, 395, 401.
6 Vgl. BVerfGE 112, 185, 207.
7 Vgl. BVerfGE 107, 395, 403.
8 BVerfGE 107, 395, 409.
9 Vgl. *Gaier*, BRAK-Mitt. 2006, 1, 3.

qualität, seinen Status als Rechtssubjekt, grundsätzlich in Frage stellt.[10] Auch insoweit ist der Plenarbeschluss zur Anhörungsrüge deutlich; denn die Gewährung rechtlichen Gehörs stellt sicher, dass der Einzelne nicht nur Objekt der richterlichen Entscheidung wird, sondern vor einer Entscheidung, die seine Rechte betrifft, zu Wort kommt, um als Subjekt Einfluss auf das Verfahren und sein Ergebnis nehmen zu können.[11] Wer gehört werden will, muss sich aber auch Gehör verschaffen können, und gerade an dieser Stelle wird anwaltliche Berufstätigkeit besonders relevant. Denn durch korrekte Antragstellung sowie durch sachkundigen Vortrag zum Tatsächlichen und Rechtlichen wird im typischen Fall das Gehörsrecht zugunsten des Rechtsuchenden effektuiert und optimiert.[12]

2. Faires Strafverfahren

Für das Strafrecht erfolgt eine Konkretisierung durch das Recht auf ein faires Strafverfahren.[13] Dies erfordert in erster Linie, dass zum Schutz der Beschuldigten der staatliche Strafanspruch nur in einem justizförmigen und auf die Ermittlung der Wahrheit ausgerichteten Verfahren durchgesetzt werden darf.[14] Aus Sicht der Anwaltschaft ist das hieraus abgeleitete Gebot der „Waffengleichheit"[15] zwischen den Strafverfolgungsbehörden einerseits und dem Beschuldigten andererseits von besonderer Bedeutung; denn es vermittelt dem Beschuldigten das Recht, sich durch einen von ihm gewählten Rechtsanwalt seines Vertrauens verteidigen zu lassen.[16]

II. Grundrechtsberechtigung

Bei diesen konkretisierenden Ausprägungen des Rechtsstaatsprinzips stellt sich das Problem der Aktivlegitimation. Grundrechtsberechtigter hinsichtlich des Justizgewährungsanspruchs wie des Anspruchs auf ein faires Strafverfahren ist nämlich nicht der hinzugezogene Rechtsanwalt, sondern der Einzelne, dessen Rechte prozessual durchgesetzt oder geschützt werden sollen, oder der als Beschuldigter von einem Strafverfahren betroffen ist. Nur der durch die Rechtsverweigerung eigenbelastete Bürger kann die Missachtung seiner grundrechtlichen Ansprüche auf Justizgewährung oder faires Strafverfahren durchsetzen und mit der Verfassungsbeschwerde gegen den Staat verfolgen. Eine Popularklage ist vor dem Bundesverfassungsgericht nicht zugelassen, nach § 90 Abs. 1 BVerfGG kann zwar „jedermann" Verfassungsbeschwerde erheben, mit

---

10 Vgl. BVerfGE 115, 118, 153 m.w.N.
11 BVerfGE 107, 395, 409.
12 Vgl. *Gaier*, BRAK-Mitt. 2006, 1, 3.
13 Vgl. BVerfGE 57, 250, 275 f.; 63, 380, 390; 70, 297, 308.
14 Vgl. BVerfGE 107, 104, 118 f.
15 BVerfGE 110, 226, 253.
16 Vgl. BVerfGE 66, 313, 318 f.; 68, 237, 255.

dieser aber ausdrücklich nur die Verletzung „seiner" Grundrechte und grundrechtsgleichen Rechte geltend machen.

Auch hiernach bleibt für Rechtsanwältinnen und Rechtsanwälte nur der Weg über die durch Art. 12 Abs. 1 GG geschützte freie Ausübung des eigenen Berufs. In bestimmten Konstellationen können Restriktionen gegen die Rechtsverfolgung oder Rechtsverteidigung des Mandanten zugleich auch Beschränkungen der anwaltlichen Berufsausübung umfassen. So kann etwa der Ausschluss eines Verteidigers nicht nur das Recht des Beschuldigten auf freie Wahl eines bestimmten Strafverteidigers und damit sein Recht auf ein faires Strafverfahren beeinträchtigen,[17] sondern es kann auch das Recht des betroffenen Rechtsanwalts auf freie Berufsausübung verletzt sein.[18] Solche Überschneidungen der verschiedenen Grundrechtspositionen von Rechtsanwälten und Rechtsuchenden sind aber nur denkbar, wenn bereits ein Mandat erteilt worden ist, dessen Erledigung durch Einschränkungen der anwaltlichen Tätigkeit im konkreten Fall behindert wird. Soweit es jedoch im Vorfeld allgemein um den Zugang zum Recht, also insbesondere um Rechtsschutz durch die Gerichte geht, versagt der Schutz der Berufsfreiheit. Anwaltliche Berufsausübung und damit der Schutz durch Art. 12 GG beginnt erst mit der Beauftragung durch den Rechtsuchenden, Hindernisse schon auf dem Weg dorthin berühren die Berufsfreiheit nicht. So sind mit der Verweigerung von Beratungs- oder Prozesskostenhilfe Grundrechte der Rechtsuchenden betroffen,[19] nicht aber die Freiheitsrechte von Rechtsanwälten. Auch hat nur der Beschuldigte in schwerwiegenden Fällen einen verfassungsrechtlichen Anspruch darauf, dass ihm auf Kosten des Staates ein Pflichtverteidiger beigeordnet wird,[20] während aber umgekehrt dem Rechtsanwalt kein Anspruch darauf zusteht, zum Pflichtverteidiger bestellt zu werden.[21] Es lässt sich also selbst in Fällen, in denen unbemittelte Rechtsuchende einen grundrechtlichen Anspruch auf staatliche Unterstützung haben, aus dem Schutz der Berufsfreiheit unmittelbar keine Partizipation der Anwaltschaft am Zugang zum Recht herleiten.

III. Auswirkungen des Rechtsstaatsprinzips auf die anwaltliche Berufsfreiheit

Mit dieser Erkenntnis abzuschließen, würde aber zu kurz greifen. Es darf nämlich nicht übersehen werden, dass der Justizgewährungsanspruch und der Grundsatz des fairen Verfahrens wie jede grundrechtlich geschützte Position zusätzlich auch eine objektiv-rechtliche Dimension haben. Sie sind objektiv geltendes Recht und verpflichten den Gesetz-

---

17 Vgl. BVerfGE 110, 226, 253.
18 Vgl. BVerfGE 43, 79, 90.
19 Vgl. BVerfGE 81, 347, 356 f.; 122, 39, 50.
20 BVerfGE 68, 237, 255 f.
21 Vgl. BVerfGE 39, 238, 242.

geber insbesondere dazu, grundrechtlich geschützte Rechtsgüter auch unabhängig von ihrer Geltendmachung durch einzelne Bürger zu beachten.[22] Auch für den individuellen Schutz anwaltlicher Berufstätigkeit ist dieser Aspekt von Bedeutung, denn mit diesem objektiv-rechtlichen Gehalt können die Ansprüche auf Justizgewährung und auf faires Strafverfahren in die Prüfung der Zulässigkeit von Eingriffen bei Art. 12 GG eingehen.

Eingriffe in die Berufsfreiheit können nur bei strikter Beachtung des Grundsatzes der Verhältnismäßigkeit zulässig sein.[23] Für das Grundrecht der Berufsfreiheit hat dieser Maßstab mit der Stufenlehre eine besondere Ausprägung und Konkretisierung gefunden. Am wenigsten streng sind die Anforderungen für einen Eingriff auf der ersten Stufe, also im Bereich der freien Ausübung eines Berufes. Die Berufsausübungsfreiheit umfasst sämtliche Modalitäten beruflicher Tätigkeit, wie etwa die Festlegung von Art und Qualität der am Markt angebotenen Güter und Dienstleistungen[24] oder das freie Aushandeln des Entgelts für eine berufliche Leistung mit einem Interessenten.[25] Zwar können Beschränkungen der freien Berufsausübung bereits durch jede vernünftige Erwägung des Gemeinwohls legitimiert sein,[26] aber auch auf der ersten Stufe gilt, dass Eingriffszweck und Eingriffsintensität in einem angemessenen Verhältnis stehen müssen.[27] Bei einer Gesamtabwägung zwischen der Schwere des Eingriffs und dem Gewicht der ihn rechtfertigenden Gründe muss die Grenze der Zumutbarkeit noch gewahrt sein, die Eingriffsmittel dürfen – mit anderen Worten – den betroffenen Grundrechtsträger nicht übermäßig belasten.[28]

1. Rechtsstaatliche Gewichtung des Eingriffs

Mit der Prüfung der Verhältnismäßigkeit im engeren Sinne, also mit der Prüfung der Zumutbarkeit oder der Angemessenheit eines Eingriffs ist das Tor geöffnet, um die Konkretisierungen des Rechtsstaatsprinzips zugunsten anwaltlicher Berufsfreiheit berücksichtigen zu können. Zwar muss am Beginn der Prüfung eine Beeinträchtigung der individuellen Berufsfreiheit stehen, um den Schutzbereich des Art. 12 GG überhaupt zu eröffnen. Ist das aber der Fall, insbesondere weil durch eine staatliche Maßnahme die Ausübung des Anwaltsberufes reglementiert wird, so dürfen und müssen im Rahmen der Abwägung von Mittel und Zweck bei der Gewichtung des Eingriffs zugunsten des betroffenen Anwalts rechtsstaatliche Aspekte auch dann berücksichtigt werden, wenn diese nicht ihm, sondern dem Rechtsschutz suchenden Bürger zugeordnet sind. Die

---

22 Vgl. *Gaier*, BRAK-Mitt. 2006, 1, 5.
23 Vgl. etwa BVerfGE 115, 276, 304 m.w.N.
24 BVerfGE 121, 317, 345.
25 BVerfGE 117, 163, 181.
26 Vgl. etwa BVerfGE 85, 248, 259; 123, 186, 238.
27 Vgl. etwa BVerfGE 117, 163, 181 m.w.N.
28 Vgl. etwa BVerfGE 121, 317, 345 m.w.N.

Frage nach der Grundrechtsträgerschaft spielt mithin für die Gewichtung eines Eingriffs keine Rolle. Anders gewendet: bei der Gesamtabwägung zwischen Eingriffszweck und Eingriffsintensität finden sich die Ansprüche auf Justizgewährung und faires Strafverfahren auf der Waagschale, sie steigern das Gewicht des Eingriffs in die Berufsfreiheit und erschweren dessen Rechtfertigung im Interesse der freien anwaltlichen Berufsausübung. Möglich und erforderlich ist also eine rechtsstaatliche Gewichtung des Eingriffs.

2. Rechtsprechungsnachweise

Dies lässt sich an Hand der Rechtsprechung des Bundesverfassungsgerichts nachweisen.

a) Strafbarkeit von Rechtsanwälten wegen Geldwäsche (BVerfGE 110, 226)

So etwa bei der Prüfung der Strafbarkeit von Rechtsanwälten wegen Geldwäsche durch Annahme eines Strafverteidigerhonorars. Das Gericht verlangt hier gestützt auf die anwaltliche Berufsfreiheit eine verfassungskonforme Reduktion der Strafnorm des § 261 Abs. 2 Nr. 1 StGB. Es ist Voraussetzung für ihre Vereinbarkeit mit dem Grundgesetz, dass Strafverteidiger nur dann mit Strafe bedroht werden, wenn sie im Zeitpunkt der Annahme ihres Honorars sichere Kenntnis von dessen Herkunft hatten.[29] Zu diesem Ergebnis gelangt das Gericht erst bei Prüfung der Verhältnismäßigkeit im engeren Sinne, nachdem es zuvor insbesondere in der Bekämpfung der organisierten Kriminalität ein hinreichendes legitimes Ziel für die Strafbarkeit der Geldwäsche erkannt hatte. Es sieht dann aber bei uneingeschränkter Anwendung der Strafnorm auf Strafverteidiger einen schwerwiegenden Eingriff in deren Berufsausübungsfreiheit.

Diese Gewichtung stützt das Gericht zunächst auf die Gefahr, dass schon die Einleitung eines Ermittlungsverfahrens wegen bedingt vorsätzlicher oder leichtfertiger Geldwäsche der Fortführung des Mandats regelmäßig entgegenstehe, mithin ohne Rücksicht auf den späteren Verfahrensausgang bereits zu einem Verlust an beruflicher Reputation und damit langfristig zu einer Verringerung der Erwerbschancen des Strafverteidigers führen könne. Damit ist es aber nicht genug; denn das Gericht sieht als weiteren Nachteil „die Gefährdung des verfassungsrechtlich verbürgten Instituts der Wahlverteidigung." Insoweit betont es nicht nur das „Interesse der Allgemeinheit" an der Garantie freier Übernahme einer Strafverteidigung, sondern ausdrücklich auch das Recht des Beschuldigten auf wirksamen Beistand eines von ihm frei gewählten Verteidigers.[30] Erst auf dieser Grundlage, also unter Einbeziehung des Allgemeininteresses und des Interesses des Beschuldigten an einem fairen Strafverfahren, gelangt

---

29 BVerfGE 110, 226.
30 BVerfGE 110, 226 (264 f.).

das Gericht bei der gebotenen Abwägung von Mittel und Zeck zu dem Ergebnis, dass die uneingeschränkte Einbeziehung der Wahlverteidiger in den Kreis tauglicher Geldwäschetäter unverhältnismäßig und damit verfassungswidrig wäre.[31]

b) Verbot anwaltlichen Erfolgshonorars (BVerfGE 117, 163)

Noch prägnanter war die Argumentation zur Gewichtung der Vor- und Nachteile bei dem damals uneingeschränkt geltenden Verbot anwaltlicher Erfolgshonorare (§ 49b Abs. 2 BRAO a.F.). Für die damit verbundenen Beschränkungen der Berufsausübung bejaht das Gericht zunächst ausreichende vernünftige Gemeinwohlerwägungen namentlich in Gestalt des Schutzes der anwaltlichen Unabhängigkeit[32] sowie des Schutzes der Mandanten vor Übervorteilung.[33] Die Gesamtabwägung mit den Belastungen führte dann allerdings zu dem Ergebnis, dass das Verbot des Erfolgshonorars insoweit als unangemessen angesehen wurde, als es keine Ausnahmen zugelassen hatte und damit selbst dann zu beachten war, wenn der Rechtsanwalt mit der Vereinbarung einer erfolgsbasierten Vergütung besonderen Umständen in der Person des Auftraggebers Rechnung getragen hat, die diesen sonst davon abhielten, seine Rechte zu verfolgen.[34]

Hier wird ganz besonders deutlich, dass das Gericht eine Missachtung des Übermaßverbotes nur begründen konnte, weil es bei der Gewichtung des Eingriffs den Justizgewährungsanspruch der Rechtsuchenden maßgeblich berücksichtigte. Der Abwägung liegt ausdrücklich die Annahme zugrunde, dass das „strikte, ausnahmslose Verbot einer erfolgsbasierten Vergütung … nicht nur die Vertragsfreiheit der Rechtsanwälte und ihrer Auftraggeber" beeinträchtigt, sondern „auf Grund seines umfassenden Geltungsanspruchs … auch zu nachteiligen Folgen für die Wahrnehmung und Durchsetzung der Rechte des Einzelnen" führt.[35] Wiederum wird also zugunsten der betroffenen Rechtsanwälte nicht nur das Gewicht des Eingriffs in ihr Freiheitsrecht auf die Waagschale gelegt, sondern darüber hinaus auch das Interesse der Rechtsuchenden am Zugang zu den Gerichten. Es erfolgt somit wiederum eine rechtsstaatliche Gewichtung.

Dass auch das rechtsstaatlich fundierte Interesse der Rechtsuchenden durch das Verbot des Erfolgshonorars berührt ist, folgt aus der Chancen- und Waffengleichheit, die der Einzelne erst durch anwaltliche Unterstützung für die Wahrnehmung und Durchsetzung seiner Rechte erfährt.[36] Insoweit kann das Verbot anwaltlicher Erfolgshonorare zu einem Hindernis für den Zugang zum Recht werden. Denn es gibt Situationen, in de-

---

31 BVerfGE 110, 226 (265).
32 BVerfGE 117, 163, 182.
33 BVerfGE 117, 163, 184.
34 BVerfGE 117, 163, 193.
35 BVerfGE 117, 163, 194.
36 BVerfGE 117, 163, 194 unter Hinweis auf BVerfGE 110, 226, 252 m.w.N.

nen Bürger auf Grund ihrer wirtschaftlichen Verhältnisse verständlicherweise das Risiko nicht eingehen können, im Fall des Misserfolgs für die Kosten einer qualifizierten anwaltlichen Unterstützung aufkommen zu müssen. Werden sie durch das uneingeschränkte Verbot des Erfolgshonorars gehindert, dieses Risiko zumindest teilweise auf von ihnen beauftragte Rechtsanwälte zu verlagern, so können Rechtsuchende davon abgehalten werden, ihre Rechte zu verfolgen. Entgegen der Zielvorstellungen des Gesetzgebers fördert das Verbot anwaltlicher Erfolgshonorare hier also nicht die Justizgewährung, sondern erschwert im Gegenteil den Weg zu rechtlichem Schutz. Unter Hinweis auf seine frühere Rechtsprechung[37] betont das Gericht, dass auch eine an sich gerechtfertigte Regelung nicht so gestaltet sein darf, dass sie in ihren tatsächlichen Auswirkungen tendenziell dazu führt, Rechtsschutz vornehmlich nach Maßgabe wirtschaftlicher Leistungsfähigkeit zu eröffnen.[38]

Erst aufgrund der Berücksichtigung des Interesses der Allgemeinheit und des Einzelnen am Zugang zum Recht, also erst aufgrund rechtsstaatlicher Gewichtung des Eingriffs konnte die Abwägung zu dem Ergebnis führen, dass das uneingeschränkte Verbot anwaltlichen Erfolgshonorars nicht der Verfassung genügt. Das allein und unmittelbar aus dem Schutzbereich der Berufsfreiheit hergeleitete Gewicht des Eingriffs hätte nicht ausgereicht, um eine Verletzung des Übermaßverbotes zu begründen. Dies zeigt sich schon an der Ausnahme von dem Verbot eines Erfolgshonorars, die das Gericht zur Wahrung der Verfassungsmäßigkeit eingefordert hat, wenn überhaupt – was verfassungsrechtlich nicht geboten ist – an dem grundsätzlichen Verbot festgehalten werden sollte. Der Gesetzgeber wurde nämlich angehalten, eine Ausnahme von dem Verbot zumindest für die Fälle zuzulassen, in denen auf Grund der wirtschaftlichen Situation des Auftraggebers bei verständiger Betrachtung erst die Vereinbarung einer erfolgsbasierten Vergütung die Inanspruchnahme qualifizierter anwaltlicher Hilfe ermöglicht.[39] Allein mit dem Gewicht des Freiheitsrechts, also hier zur Wahrung der Vertragsfreiheit von Anwälten bei der Vereinbarung von Honoraren, hätte sich eine solche auf den Rechtsschutz der Mandanten abzielende Verbotsausnahme schon ihrem Inhalt nach niemals formulieren lassen.

IV. Resümee

Das Grundgesetz hält einen besonderen Schutz der Tätigkeit von Rechtsanwältinnen und Rechtsanwälten für nicht der Erwähnung wert. Aber der Erwähnung bedarf es auch nicht. Eine Verfassung ist kein Gesetzbuch, das möglichst viele Details in einem Bereich des gesellschaftlichen Lebens anspricht und möglichst umfassend regelt. Selbst wenn durch-

---

37 Vgl. BVerfGE 50, 217, 231.
38 BVerfGE 117, 163, 197.
39 BVerfGE 117, 163, 200.

setzbare Menschenrechte garantiert werden sollen, erfordert die besondere Dignität einer Verfassung nicht mehr und nicht weniger als konzise, grundlegende Aussagen, durch die Werte für die Gesellschaft und das Staatswesen anerkannt oder generiert werden. Es ist dann Aufgabe einer unabhängigen Justiz und insbesondere einer funktionierenden Verfassungsgerichtsbarkeit, den damit abgesteckten Rahmen nicht durch politische Gestaltung, sondern aufgrund juristischer Methoden mit Inhalten zu füllen. Auf diesem Weg konkretisiert sich die Wertordnung der Verfassung zu tatsächlich anwendbarem und durchsetzbarem Recht. Dass dieser Gedanke funktioniert, zeigen die geschilderten Fälle. Die besondere Aufgabe der Anwaltschaft im Rechtsstaat unserer Verfassung, ihr unverzichtbarer Beitrag zur Justizgewährung und zu einem fairen Strafverfahren führt zu einer entscheidenden Verstärkung des Schutzes anwaltlicher Berufsfreiheit. Rechtsanwältinnen und Rechtsanwälte können ihr Freiheitsrecht aus Art. 12 GG mobilisieren, um diese besondere Garantie gegenüber dem Staat durchzusetzen. Art. 12 GG ist eben doch auch tauglicher Garant einer unabhängigen, starken Anwaltschaft.